Alexandre Freitas
Câmara

Cooperação
Judiciária Nacional

TEORIA E PRÁTICA

O GEN | Grupo Editorial Nacional – maior plataforma editorial brasileira no segmento científico, técnico e profissional – publica conteúdos nas áreas de ciências sociais aplicadas, exatas, humanas, jurídicas e da saúde, além de prover serviços direcionados à educação continuada e à preparação para concursos.

As editoras que integram o GEN, das mais respeitadas no mercado editorial, construíram catálogos inigualáveis, com obras decisivas para a formação acadêmica e o aperfeiçoamento de várias gerações de profissionais e estudantes, tendo se tornado sinônimo de qualidade e seriedade.

A missão do GEN e dos núcleos de conteúdo que o compõem é prover a melhor informação científica e distribuí-la de maneira flexível e conveniente, a preços justos, gerando benefícios e servindo a autores, docentes, livreiros, funcionários, colaboradores e acionistas.

Nosso comportamento ético incondicional e nossa responsabilidade social e ambiental são reforçados pela natureza educacional de nossa atividade e dão sustentabilidade ao crescimento contínuo e à rentabilidade do grupo.

Alexandre Freitas
Câmara

Cooperação Judiciária Nacional

TEORIA E PRÁTICA

- O autor deste livro e a editora empenharam seus melhores esforços para assegurar que as informações e os procedimentos apresentados no texto estejam em acordo com os padrões aceitos à época da publicação, e todos os dados foram atualizados pelo autor até a data de fechamento do livro. Entretanto, tendo em conta a evolução das ciências, as atualizações legislativas, as mudanças regulamentares governamentais e o constante fluxo de novas informações sobre os temas que constam do livro, recomendamos enfaticamente que os leitores consultem sempre outras fontes fidedignas, de modo a se certificarem de que as informações contidas no texto estão corretas e de que não houve alterações nas recomendações ou na legislação regulamentadora.

- Fechamento desta edição: 31/07/2024.

- O autor e a editora se empenharam para citar adequadamente e dar o devido crédito a todos os detentores de direitos autorais de qualquer material utilizado neste livro, dispondo-se a possíveis acertos posteriores caso, inadvertida e involuntariamente, a identificação de algum deles tenha sido omitida.

- **Atendimento ao cliente: (11) 5080-0751 | faleconosco@grupogen.com.br**

- Direitos exclusivos para a língua portuguesa
  Copyright © 2024 by
  Editora Atlas Ltda.
  Uma editora integrante do GEN | Grupo Editorial Nacional
  Travessa do Ouvidor, 11
  Rio de Janeiro – RJ – 20040-040
  www.grupogen.com.br

- Reservados todos os direitos. É proibida a duplicação ou reprodução deste volume, no todo ou em parte, em quaisquer formas ou por quaisquer meios (eletrônico, mecânico, gravação, fotocópia, distribuição pela Internet ou outros), sem permissão, por escrito, da Editora Atlas Ltda.

- Capa: Bruno Sales Zorzetto

- **CIP-BRASIL. CATALOGAÇÃO NA PUBLICAÇÃO**
  SINDICATO NACIONAL DOS EDITORES DE LIVROS, RJ

  C172c

  Câmara, Alexandre Freitas
  Cooperação judiciária nacional : teoria e prática / Alexandre Freitas Câmara. - 1. ed. - Barueri [SP] : Atlas, 2024.
  160 p. ; 21 cm.

  Inclui bibliografia
  anexo
  ISBN 978-65-5977-661-0

  1. Cooperação jurídica nacional - Brasil. 2. Assistência judiciária - Brasil. 3. Poder Judiciário. I. Título.

  24-93099
         CDU: 347.91/.95

  Gabriela Faray Ferreira Lopes - Bibliotecária - CRB-7/6643

Este livro é dedicado a todas as pessoas que se engajaram na construção de uma cultura da cooperação judiciária nacional. Não seria possível nominar todas elas, mas seus nomes aparecem ao longo do texto do livro, nas notas de rodapé e nas referências. Obrigado a todos vocês, de coração. Vocês me mostraram um novo caminho para o Direito Processual e para a atividade jurisdicional. E esse novo caminho me dá ânimo para continuar a tentar, dentro dos limites das minhas modestas forças, trabalhar pela evolução do Direito brasileiro e da prática da jurisdição.

Dedico-o, também, como sempre, à Janaína e aos dois frutos da nossa trintenária cooperação: Rodrigo e Guilherme.

NOTA INTRODUTÓRIA

Fui apresentado ao tema da cooperação judiciária em conversas que tive com dois grandes processualistas e queridos amigos, Fredie Didier Júnior e Antônio do Passo Cabral. Foram eles que me mostraram que esse tema seria capaz de mudar a forma como o exercício das atividades do Poder Judiciário se desenvolve, tornando-se muito mais eficiente. Interessado pelo tema, pude participar de vários debates sobre ele, especialmente nas reuniões do Fórum Permanente de Processualistas Civis (FPPC), em que chegou mesmo a haver um grupo de debates especializado.

Logo a seguir, escrevi um pequeno texto, publicado na internet, acerca de um ponto que me preocupava (e que havia gerado um enunciado do FPPC), a necessidade de documentação dos atos de cooperação. Quando estava sendo elaborado o texto da Resolução nº 350 do CNJ, cheguei a ser consultado sobre o ponto e ajudei a redigir o dispositivo que tratou disso de forma específica.

Depois da edição da Resolução nº 350, todos os tribunais tiveram de criar seus núcleos de cooperação judiciária. Foi aí que entrou em cena o Des. Henrique Figueira, que havia acabado de assumir a Presidência do Tribunal de Justiça do Estado do Rio de Janeiro. Tendo assistido a uma live que eu e Fredie fizemos sobre o tema, ele me convidou a montar o Núcleo de Cooperação (Nucoop) do TJRJ, nomeando-me seu primeiro presidente. Finda sua administração, ele foi sucedido na presidência do TJRJ pelo

Des. Ricardo Cardozo, que me reconduziu à presidência do Nucoop e ainda deu ao núcleo uma estrutura que antes não tínhamos, com sede e servidores que permitem um trabalho que busca ser de qualidade. No meio disso tudo, ainda fui nomeado para integrar o Comitê Executivo da Rede Nacional de Cooperação Judiciária, órgão ligado ao CNJ, no qual pude trabalhar com o Conselheiro Mário Guerreiro e, posteriormente, com o Conselheiro Mauro Martins e a Conselheira Mônica Nobre, junto com outros colegas extraordinários (como Fredie Didier Jr., Antônio do Passo Cabral, Alexandre Freire, Roberta Ferme, Leandro Fernandez, Trícia Xavier Navarro Cabral e Silvio Neves Baptista Filho) na tentativa de construir para o Poder Judiciário brasileiro uma política pública de cooperação judiciária nacional.

Tive também a oportunidade de estar à frente do Núcleo de Pesquisa Empírica em Processo (Nupepro) e ali desenvolvi pesquisas empíricas sobre cooperação judiciária para a Escola da Magistratura do Estado do Rio de Janeiro (EMERJ). Izabel Saenger Nuñez e Fernanda Tereza Melo Bezerra foram parceiras espetaculares nessa pesquisa e se tornaram grandes entusiastas da cooperação judiciária. Fernanda, inclusive, é autora de textos doutrinários que estão citados neste livro e uma das grandes especialistas brasileiras na matéria. A elas agradeço, de coração, pela parceria na luta pela construção de uma cultura da cooperação judiciária no Brasil.

A pesquisa teórica e a vivência prática da cooperação judiciária me permitiram ver que se estava a entrar em um novo mundo. Uma atuação eficiente do Poder Judiciário seria possível, com desburocratização de atos processuais, simplificação de procedimentos e, mais importante, com a construção de resultados ótimos e constitucionalmente legítimos.

Acredito firmemente que a cooperação judiciária não é o futuro, mas o presente da atividade do Poder Judiciário. E por isso resolvi escrever este pequeno trabalho, com o qual busco compartilhar com a comunidade jurídica a experiência de quem vive a cooperação e nela acredita. Assim, busco deixar mais uma contribuição para aqueles que, como eu, acreditam que o Direito Processual e as atividades do Poder Judiciário podem contribuir firmemente para a construção de uma sociedade melhor.

O Autor

SUMÁRIO

1. AS NORMAS FUNDAMENTAIS DO PROCESSO CIVIL E A COOPERAÇÃO JUDICIÁRIA NACIONAL 1

1.1. Princípio da eficiência 2

1.2. Princípio da cooperação 3

1.3. Princípio da duração razoável do processo 6

2. CONCEITO E CLASSIFICAÇÃO DA COOPERAÇÃO JUDICIÁRIA NACIONAL 9

2.1. Conceito de cooperação judiciária nacional 9

2.2. Classificações da cooperação judiciária nacional 11

    2.2.1. Cooperação jurisdicional e administrativa 12

    2.2.2. Cooperação por solicitação, por delegação, por conjunção e por concertação 14

    2.2.3. Cooperação típica e atípica 22

3. FONTES NORMATIVAS DA COOPERAÇÃO JUDICIÁRIA NACIONAL 25

3.1. O Código de Processo Civil 26

3.2. A Resolução nº 350 do Conselho Nacional de Justiça ... 29

3.3. Os termos de cooperação judiciária entre tribunais 37

4. A COOPERAÇÃO INTERINSTITUCIONAL 41

4.1. Conceito 41

4.2. Casos práticos e possibilidades de cooperação interinstitucional 43

5. A COOPERAÇÃO POR CONCERTAÇÃO 47
5.1. A cooperação por concertação como hipótese mais relevante de cooperação judiciária 47
5.2. Os atos concertados entre juízos cooperantes tipificados na Resolução nº 350 do CNJ 49
5.3. Cooperação por concertação e determinação da competência adequada: repensando dogmas do direito processual 73

6. COMO SE FAZ A COOPERAÇÃO 83
6.1. Como se faz um ato de cooperação por solicitação (auxílio direto) 84
6.2. Como se faz um ato de cooperação por delegação (auxílio direto) 85
6.3. Como se faz um ato de cooperação por conjunção (ato conjunto) 86
6.4. Como se faz um ato concertado de cooperação (ato concertado) 90
6.5. O papel dos Núcleos de Cooperação e dos juízes de cooperação 95

7. O CONTROLE DOS ATOS DE COOPERAÇÃO OU DE RECUSA DA COOPERAÇÃO 97
7.1. Controle administrativo 98
7.2. Controle jurisdicional 99

8. CONCLUSÃO 105

ANEXO 1 – RESOLUÇÃO Nº 350, DE 27 DE OUTUBRO DE 2020 107

ANEXO 2 – RESOLUÇÃO TJ/OE/RJ Nº 08/2021 123

ANEXO 3 – CARTILHA COOPERAÇÃO JUDICIÁRIA NACIONAL 131

ANEXO 4 – ATO NORMATIVO DO TRIBUNAL DE JUSTIÇA DO ESTADO DO RIO DE JANEIRO – 16/2024 137

Referências 145

1

AS NORMAS FUNDAMENTAIS DO PROCESSO CIVIL E A COOPERAÇÃO JUDICIÁRIA NACIONAL

Todo o sistema processual brasileiro é construído a partir de normas fundamentais, as quais têm sede na Constituição da República e no Código de Processo Civil (CPC). Desenvolvidas a partir do princípio do devido processo,[1] as normas fundamentais podem ser princípios constitucionais (como o do juízo natural, da fundamentação das decisões ou do contraditório) ou infraconstitucionais, como os princípios da boa-fé e da cooperação). Há, ainda, normas fundamentais que não são princípios, mas regras (como a que permite a prolação de decisão concessiva de tutela monitória sem prévia oitiva da parte contrária, prevista no art. 9º, parágrafo único, III, do CPC).

Evidentemente, todas as normas fundamentais têm algum tipo de relação com o tema que constitui o objeto deste estudo. Três delas, porém, estão mais diretamente conectadas com o fenômeno

---

1   Sobre esse princípio como base para as demais normas fundamentais, consulte-se CÂMARA, Alexandre Freitas. Dimensão processual do devido processo constitucional. *Revista Iberoamericana de Derecho Procesal*, ano 1, v. 1, p. 17-33, 2015.

e, por isso, serão objeto de exame específico: os princípios da eficiência, da cooperação e da duração razoável do processo. É essencial compreender esses princípios para que se possa começar a adentrar no universo da cooperação judiciária nacional.

1.1. PRINCÍPIO DA EFICIÊNCIA

O princípio da eficiência está previsto no texto da Constituição da República como norma fundamental do exercício da função administrativa. Não há dúvida, porém, de que também se aplica à atividade jurisdicional. E ainda que não fosse possível afirmar isso a partir do texto constitucional, é certo que o art. 8º do CPC expressamente inclui o princípio da eficiência entre as normas fundamentais do processo civil.

Eficiência é a "razão entre um resultado desejado e os custos necessários para sua produção".[2] Não se trata, aqui, apenas do custo econômico, claro. Todo e qualquer dispêndio, de tempo, dinheiro, energias, deve ser levado em conta. Pode-se dizer, então, que o princípio da eficiência processual nada mais é do que aquilo que durante muito tempo se chamou de "princípio da economia processual".

O sistema processual será eficiente, portanto, se para a produção dos resultados desejados for necessário o menor dispêndio possível de tempo, dinheiro e energias. E para isso é preciso construir mecanismos que permitam que essa economia se produza, sem comprometer (ao contrário, incrementando) a qualidade do resultado que o processo se destina a produzir. Perceba-se, aqui, a necessidade de que o serviço prestado através da atividade jurisdicional seja *qualitativamente bom*. Não existe um conflito entre o princípio da eficiência e a qualidade da prestação jurisdicional. Ao contrário. O sistema processual só será eficiente se os resultados por ele produzidos forem de boa qualidade. Não se quer, em outros termos, uma prestação jurisdicional *qualquer*. A sociedade faz jus a uma jurisdição qualitativamente boa, que produza resultados conformes com a Constituição da República e o ordenamento jurídico como um todo. Mas isso tem que ser produzido com o menor dispêndio possível de tempo e energias.

---

2   MIKELÉNAS, Valentinas. Efficiency of civil procedure: mission (im)possible?. *In:* NEKROŠYUS, Vytautas (coord.). *Recent trends in economy and efficiency of civil procedure.* Vilnius: Vilnius University, 2013, p. 142.

Resulta daí a necessidade de desburocratizar o sistema processual. E uma das ferramentas para isso é a cooperação judiciária.[3] Basta pensar na comunicação entre juízos distintos para que um requisite a outro a prática de um ato processual. Isso se fez, desde sempre, através das burocráticas *cartas precatórias*. Mas através da cooperação por solicitação, feita mediante a formulação de um pedido de auxílio direto, pode-se dispensar a formação e expedição de carta precatória, alcançando-se o mesmo resultado de forma muito mais eficiente.[4]

A cooperação judiciária, como se poderá ver ao longo deste trabalho, é um relevante mecanismo de construção de um processo mais eficiente. Não só se consegue, com ela, desburocratizar o procedimento de construção dos resultados (como se dá no citado exemplo da substituição da carta precatória por um pedido de auxílio direto que pode ser feito através de e-mail), mas também podem-se criar procedimentos destinados a economizar tempo. É o caso da cooperação judiciária entre o juízo do processo de recuperação judicial e a Justiça do Trabalho para elaboração dos quadros de credores trabalhistas da recuperanda.[5] E esses são apenas alguns exemplos, sendo certo que muitos outros serão apresentados ao longo da exposição.

1.2. PRINCÍPIO DA COOPERAÇÃO

É sabido que o art. 6º do CPC estabelece um modelo "cooperativo" de processo, estabelecendo um dever para todos os que dele participam: o de cooperarem entre si para que se obtenha,

---

3 Não é a única ferramenta, evidentemente. Outras, como a adequação do procedimento pelo juiz ou através da celebração de negócios processuais, podem ser de grande valia na construção de um sistema processual eficiente.

4 Sobre a possibilidade de se atribuir caráter subsidiário à carta precatória em razão dos mecanismos de cooperação judiciária, consulte-se BEZERRA, Fernanda Tereza Melo. A cooperação judiciária e sua aplicabilidade no Tribunal de Justiça do Estado do Rio de Janeiro. *Revista de Direito do Poder Judiciário do Estado do Rio de Janeiro*, v. 1, p. 278, n. 1, jul./dez. 2023.

5 Sobre o tema, vale conhecer o Ato Concertado de Cooperação Jurisdicional celebrado entre o Tribunal Regional do Trabalho da Primeira Região e o Tribunal de Justiça do Estado do Rio de Janeiro, celebrado em 17 de janeiro de 2023, que permite que o juízo de recuperação solicite à Caex (Coordenadoria de Apoio à Execução do TRT) sua colaboração no sentido de consolidar as listas de todos os credores trabalhistas da recuperanda com processos judiciais em curso, a fim de facilitar sua habilitação no processo de recuperação.

em tempo razoável, decisão de mérito justa e efetiva. Emprega-se aqui a denominação *cooperação*, registre-se, por ter sido a opção legislativa. Parece melhor, porém, falar-se em um modelo *comparticipativo* de processo.[6] A preferência por comparticipação em vez de colaboração ou cooperação resulta do fato de que esses outros dois vocábulos transmitem a ideia de auxílio, ajuda, o que não acontece com o termo escolhido para emprego nessa sede. O ponto é importante porque o processo não é, definitivamente, um ambiente propício para que seus sujeitos se auxiliem mutuamente. Não há, pois, qualquer relação entre o modelo comparticipativo de processo e uma pretensa ideia de que se teria tentado criar para os sujeitos do processo um dever de auxílio mútuo. O vocábulo comparticipação não transmite a ideia de ajuda, auxílio, mas tão somente leva a compreender-se que aqui se pretende sustentar a existência de um modelo processual em que todos os sujeitos participam (*com* + *participam*) da construção dos resultados. É por isso que se prefere falar em processo comparticipativo (e não em cooperativo ou colaborativo).

Há dois aspectos do princípio da cooperação (*rectius*, comparticipação). Um, endoprocessual, em que os sujeitos do processo atuam juntos, em uma verdadeira comunidade de trabalho, para a construção do resultado do processo. É certo que cada sujeito que atua no processo tem um objetivo diferente (o que é muito fácil de perceber quando se olha para as partes, mas também o Estado-juiz tem um objetivo próprio, distinto do das partes, que é o de aplicar o Direito de forma imparcial). Mas todos eles têm o dever de participar da construção do resultado do processo. O que se tem aqui, na verdade, é uma forma de comparticipação que pode ser chamada de *coordenação*.

É que na estruturação e no desenvolvimento dos fenômenos sociais e jurídicos, há espaços em que são geradas dinâmicas de coordenação de condutas (como no trânsito) e outros de cooperação (como se dá na relação de *affectio societatis* entre sócios de uma sociedade).[7]

---

6 Terminologia que venho empregando desde CÂMARA, Alexandre Freitas. *O novo processo civil brasileiro*. São Paulo: Atlas, 2015, p. 9. Aprofundei o ponto em CÂMARA, Alexandre Freitas. *Levando os padrões decisórios a sério*. São Paulo: Atlas, 2018, p. 106.

7 Sobre o ponto, SOLER, Raúl Calvo; ROJAS, Jorge A.; SALGADO, José María. *El Proceso Articulado: hacia un proceso cooperativo, colaborativo y composicional*. Santa Fe: Rubinzal-Culzoni, 2023, p. 15.

Cap. 1 – As normas fundamentais do processo civil e a cooperação judiciária nacional 5

Pense-se no trânsito de veículos em uma cidade. Evidentemente, cada motorista, motociclista, ciclista ou pedestre tem um objetivo distinto. Cada um deles se dirige a um lugar diferente. Mas para que todos possam tentar alcançar seus resultados, é preciso que atuem de forma coordenada. É claro que um pedestre não auxilia (coopera) com o motorista de um automóvel. Mas se não atuarem de forma coordenada poderá acontecer um atropelamento. Assim, todos devem atuar da melhor maneira possível, cumprindo seus papéis no trânsito de forma coordenada, e observando as normas que regem o trânsito da forma mais adequada que puderem, a fim de que se construa o melhor resultado possível.

Não é isso que acontece entre sócios de uma sociedade. Aqui, todos se ajudam mutuamente, o que se dá por terem eles um objetivo comum. E é preciso que se ajudem porque só será possível produzir-se o resultado se todos os sócios o obtiverem. Assim, é preciso que eles cooperem entre si.

Em um processo judicial, é possível pensar em situações nas quais sujeitos processuais deverão, no mais estrito sentido do termo, cooperar entre si. Isso ocorrerá quando eles tiverem objetivos comuns. É o caso, por exemplo, de litisconsortes unitários, em que todos têm o mesmo interesse no processo, e obtêm sempre o mesmo resultado. Evidentemente, para que esse resultado comum seja favorável, haverá toda razão para que os litisconsortes unitários se ajudem mutuamente, cooperando uns com os outros.

Na maior parte das vezes, porém, o que se vê entre sujeitos do processo é a necessidade de atuação de forma *coordenada*. Cada um desses sujeitos tem um interesse próprio, distinto do interesse dos demais. O autor de um processo de conhecimento, por exemplo, tem interesse no acolhimento de sua pretensão, enquanto o réu é interessado na rejeição daquela pretensão. Já o Estado-juiz tem interesse em obter elementos que lhe permitam aplicar corretamente o Direito, de forma imparcial, pouco importando se isso se dará pela procedência ou pela improcedência do pedido. Impõe-se a eles, porém, que atuem como uma comunidade de trabalho, em que todos atuam de forma coordenada, observando todas as normas que regem o desenvolvimento do processo da melhor maneira possível, cumprindo seus papéis e se comportando da melhor maneira que puderem, a fim de que se busque produzir o melhor resultado possível através do processo.

Não é, porém, dessa primeira forma de cooperação (*rectius*, comparticipação), a que se dá através da coordenação entre sujeitos do processo, que se vai tratar neste estudo.

É que existe uma segunda manifestação do princípio da cooperação. E aqui se pode falar em cooperação em sentido estrito. Trata-se do dever, normativamente imposto aos órgãos do Poder Judiciário, por seus magistrados e servidores, de que atuem de forma realmente cooperativa, ajudando-se mutuamente, a fim de que se crie um sistema processual mais eficiente. É isso que resulta da interpretação do art. 67 do CPC, por força do qual "[a]os órgãos do Poder Judiciário, estadual ou federal, especializado ou comum, em todas as instâncias e graus de jurisdição, inclusive aos tribunais superiores, incumbe o dever de recíproca cooperação, por meio de seus magistrados e servidores".

O que se tem aí, então, é um *dever jurídico*, imposto a todos os órgãos do Poder Judiciário, de cooperar uns com os outros, por meio de magistrados e servidores, para que o sistema processual e a atividade jurisdicional possam funcionar da maneira mais eficiente possível.

Há, então, uma ligação muito forte entre o princípio da cooperação (nessa manifestação, da cooperação *stricto sensu*) e o princípio da eficiência processual, de que se tratou anteriormente.

A cooperação judiciária, porém, só será capaz de contribuir para a eficiência do processo se os resultados pretendidos puderem ser alcançados em tempo razoável. Daí a importância de se tratar, também, do princípio da duração razoável do processo.

1.3. PRINCÍPIO DA DURAÇÃO RAZOÁVEL DO PROCESSO

A Constituição da República prevê, em seu art. 5º, LXXVIII (acrescentado pela Emenda Constitucional 45, de 2004), um direito à duração razoável do processo. Esse princípio, porém, já estava expressamente integrado ao ordenamento jurídico brasileiro desde que se internalizou, em 1992, a Convenção Americana de Direitos Humanos, conhecida como Pacto de São José da Costa Rica, que o prevê em seu art. 8º, 1.

Duração razoável, diga-se desde logo, não significa que exista algo como um "direito ao processo rápido". Aliás, não é por outra razão que a própria Convenção Americana estabelece que a duração do processo, embora tenha de ser razoável, não pode levar a que

Cap. 1 – As normas fundamentais do processo civil e a cooperação judiciária nacional   7

se desrespeitem as demais garantias processuais. O determinante, então, é a busca da eficaz e correta administração da jurisdição. E a rapidez na tramitação do processo não será mais que um elemento para obtê-la.[8]

É por isso que se lê, em Tavares, que "o processo deverá durar o mínimo, mas também todo o tempo necessário para que não haja violação da qualidade na prestação jurisdicional".[9] O princípio da duração razoável do processo deve ser compreendido, então, como a garantia de que o processo tramitará sem dilações indevidas, mas com todas as dilações devidas, a fim de permitir que se produzam resultados que possam ser considerados juridicamente corretos.[10]

Pois um dos mecanismos essenciais para que se possa garantir a duração razoável do processo é, como se buscará demonstrar ao longo deste estudo, a cooperação judiciária nacional. Para que se tenha uma ideia, a taxa de congestionamento de cartas precatórias no Poder Judiciário brasileiro, segundo o relatório Justiça em Números 2023 do Conselho Nacional de Justiça (CNJ), foi de 67%.[11] Isso significa dizer que 67% das cartas precatórias ficaram represadas ao final do ano, e sua tramitação continuou no ano seguinte. Pois o emprego da cooperação por solicitação (também chamada de auxílio direto) pode reduzir muito o tempo de espera pelo cumprimento de ato processual solicitado a outro juízo. Na comarca do Rio de Janeiro, por exemplo, tivemos a experiência de conseguir realizar, através do Núcleo de Cooperação Judiciária do Tribunal de Justiça, em aproximadamente quinze dias, todos os atos necessários para efetivar a oitiva de testemunhas em processos que tramitam em outras comarcas, muitas vezes de outros Estados.[12]

---

8   FERNANDEZ-VIAGAS BARTOLOMÉ, Placido. *El derecho a un proceso sin dilaciones indebidas*. Madri: Civitas, 1994, p. 35.

9   TAVARES, André Ramos. *Reforma do Judiciário no Brasil pós-88*. São Paulo: Saraiva, 2005, p. 31.

10   Sobre o ponto, CÂMARA, Alexandre Freitas. O direito à duração razoável do processo entre eficiência e garantias. *Revista de Processo*, v. 38, n. 223, p. 39-53, 2013.

11   Dados obtidos no site do Conselho Nacional de Justiça. O relatório Justiça em Números 2023 pode ser visualizado em: https://www.cnj.jus.br/wp-content/uploads/2023/08/justica-em-numeros-2023.pdf. Acesso em: 13 fev. 2024.

12   Esse resultado levou, inclusive, à aprovação de um ato normativo regulamentando o funcionamento de salas passivas em todas as comarcas do Estado, o que tem como consequência a desnecessidade do uso da carta precatória para a prática de atos de oitiva (de partes ou testemunhas) nos casos em que esses atos devem ser praticados em comarca distinta daquela em que tramita o processo. Esse ato normativo consta dos anexos ao final deste livro.

Os três princípios aqui analisados, da eficiência, da cooperação e da duração razoável do processo, juntos, formam a estrutura fundamental que servirá de base normativa para a construção não só do instituto da cooperação judiciária nacional, mas de toda uma política pública de cooperação judiciária, a qual é capaz de modificar, de forma bastante impressionante, o modo como a atividade jurisdicional é exercida.

Impõe-se agora, então, buscar compreender o que é, exatamente, a cooperação judiciária nacional, não só estabelecendo seu conceito, mas também compreendendo suas diversas modalidades. É disso que se tratará no próximo capítulo.

2

CONCEITO E CLASSIFICAÇÃO DA COOPERAÇÃO JUDICIÁRIA NACIONAL

2.1. CONCEITO DE COOPERAÇÃO JUDICIÁRIA NACIONAL

A doutrina vem buscando, desde a entrada em vigor do CPC de 2015, definir a cooperação judiciária nacional. Fredie Didier Jr., em obra específica sobre o tema, afirma que a cooperação judiciária nacional "é o complexo de instrumentos e atos jurídicos pelos quais os órgãos judiciários brasileiros podem interagir entre si, com tribunais arbitrais ou órgãos administrativos, com o propósito de colaboração para o processamento e/ou julgamento de casos e, de modo mais genérico, para a própria administração da Justiça, por meio de compartilhamento ou delegação de competências, prática de atos processuais, centralização de processos, produção de prova comum, gestão de processos e de outras técnicas destinadas ao aprimoramento da prestação jurisdicional no Brasil".[1]

---

1   DIDIER JÚNIOR, Fredie. *Cooperação judiciária nacional*. Salvador: JusPodivm, 2020, p. 61-62. Essa definição também é acolhida por FERREIRA, Gabriela Macedo. *Ato concertado entre juízes cooperantes*. Salvador: JusPodivm, 2023, p. 149. Fredie Didier Júnior, em obra escrita em cooperação com Leandro Fernandez, afirma expressamente que a cooperação judiciária seria um dos catalisadores do sistema de justiça multiportas

Para Antônio do Passo Cabral, a cooperação judiciária (por ele também chamada de *transjudiciária*) "é uma atividade que consiste em interações ou práticas funcionais não hierárquicas, espontâneas ou provocadas, geralmente não formalizadas, entre juízos e tribunais".[2]

Já para Fernanda Bezerra a cooperação judiciária nacional é "instrumento jurídico de natureza processual, que busca a interação entre órgãos do Poder Judiciário ou não, com a função de desburocratizar a prática de atos processuais, com a finalidade de alcançar maior eficiência jurisdicional, respeitando o devido processo legal e a duração razoável do processo".[3]

Vê-se, aí, três diferentes definições, cada uma partindo de um ponto diferente. A definição proposta por Didier, define a cooperação judiciária nacional a partir dos atos de cooperação. De outro lado, Cabral e Bezerra, embora apresentando definições distintas, focam na atividade desenvolvida pelos órgãos do Judiciário, e não nos atos que por eles são praticados. Pode-se dizer, mesmo, que enquanto Didier tem uma visão objetiva (isto é, focada nos atos que são praticados) da cooperação judiciária, Cabral e Bezerra têm uma concepção subjetiva (ou seja, centrada nos sujeitos que praticam os atos de cooperação).

Ambas as concepções parecem ser cientificamente válidas e mostram aspectos distintos do mesmo fenômeno. Por isso, penso ser adequado buscar reunir as duas concepções ao definir a cooperação judiciária.

É possível, então, definir a cooperação judiciária como sendo a *atividade desenvolvida por órgãos do Poder Judiciário, entre si ou com outras instituições, mediante a prática de atos e construção de instrumentos destinados a incrementar a eficiência da prestação jurisdicional.*

---

brasileiro, considerando catalisador o instituto "que permite a expansão das potencialidades das diferentes portas e formas de acesso à justiça, em progressiva complexidade", modificando o estado original do sistema (DIDIER JR., Fredie; FERNANDEZ, Leandro. *Introdução à justiça multiportas.* Salvador: JusPodivm, 2024, p. 681 e s.).

2   CABRAL, Antonio do Passo. Fundamentos para uma teoria da cooperação judiciária. *In*: DIDIER JR., Fredie; CABRAL, Antonio do Passo (coord.). *Cooperação judiciária nacional.* Salvador: JusPodivm, 2021, p. 25. Também adota essa definição DAVID, Fernanda Rocha. *Coordenação de competências na recuperação judicial.* Salvador: JusPodivm, 2023, p. 85.

3   BEZERRA, Fernanda Tereza Melo. A cooperação judiciária e sua aplicabilidade no Tribunal de Justiça do Estado do Rio de Janeiro. *Revista de Direito do Poder Judiciário do Estado do Rio de Janeiro*, vol. 1, n. 1, p. 274, jul./dez. 2023.

Vale deixar claro desde logo que a cooperação judiciária nacional é um *dever jurídico* para todos os que atuam pelo Poder Judiciário, ou seja, magistrados e servidores, na forma do que expressamente prevê o art. 67 do CPC. Cooperar não é uma mera faculdade, nem algo que se exerce discricionariamente. Cooperar é um dever. E o ato de cooperação terá de ser realizado sempre que ficar demonstrado que através dele será possível aumentar a eficiência da atividade jurisdicional. Por essa razão, sempre que um ato de cooperação tiver sido solicitado ou requerido e se considerar que não é caso de praticá-lo, a rejeição da cooperação deverá ser fundamentada. Nesse sentido, o art. 5º, IV, da Resolução nº 350 do CNJ expressamente estabelece que a cooperação judiciária deve ser realizada de modo fundamentado. Não apenas a cooperação, porém, deverá ser fundamentada. Também sua negativa deverá atender à exigência de fundamentação adequada, a fim de permitir o controle do cumprimento, pelo órgão jurisdicional, de seu dever de cooperar.[4]

2.2. CLASSIFICAÇÕES DA COOPERAÇÃO JUDICIÁRIA NACIONAL

Não se faz ciência sem classificar os fenômenos que se tornam objeto de estudo do cientista. Só mediante o agrupamento de institutos semelhantes é que se consegue ter uma noção completa do fenômeno que se pretende compreender. Pois aqui serão apresentadas algumas formas de classificação da atividade de cooperação judiciária.

Em primeiro lugar, será apresentada uma classificação pela natureza da atividade objeto da cooperação, identificando-se uma cooperação jurisdicional e outra administrativa. Em seguida, será feita uma classificação pelo tipo de cooperação (e aí haverá cooperação por solicitação, por delegação, por conjunção ou por concertação). Por fim, será descrita uma classificação pela tipicidade do ato praticado, e aí se falará em cooperação judiciária típica ou atípica.

---

4   É possível, inclusive, que um tribunal, em grau de recurso, reforme decisão proferida por juízo inferior no sentido de que não era cabível a cooperação, e determine que o ato de cooperação seja realizado. O ponto será aprofundado adiante, em capítulo destinado ao exame do controle dos atos de cooperação judiciária.

2.2.1. Cooperação jurisdicional e administrativa

A cooperação judiciária pode ser praticada tanto para incrementar a eficiência da atividade jurisdicional propriamente dita, como para aumentar a eficiência da atividade administrativa que os órgãos do Poder Judiciário também são chamados a exercer. Em outras palavras, existe uma cooperação jurisdicional e uma cooperação administrativa.

A jurisdição é a atividade típica do Poder Judiciário. E para que essa atividade seja exercida de forma cada vez mais eficiente, muitos exemplos de cooperação judiciária nacional podem ser pensados, todos eles amparados nos arts. 67 a 69 do CPC e na Resolução nº 350 do CNJ. Assim, por exemplo, é possível que órgãos do Judiciário cooperem entre si para a centralização de processos repetitivos,[5] para a colheita conjunta de prova oral ou pericial, ou para a centralização de execuções contra o mesmo devedor,[6] apenas para ficar em exemplos que já foram vistos na prática (e que serão mais bem examinados em momento posterior deste trabalho).

Os órgãos do Poder Judiciário, porém, também exercem atividade administrativa. Pense-se em toda a atividade exercida pela Presidência de um tribunal, ou por sua Corregedoria Geral de Justiça. Mas também os órgãos propriamente jurisdicionais têm atividade administrativa a exercer, como se pode ver pelas suas secretarias. Pois a eficiência da atividade administrativa dos órgãos do Poder Judiciário pode ser aumentada pela realização de atos de cooperação judiciária. Um bom exemplo disso é o compartilhamento de espaços.

Apenas para que se tenha um exemplo concreto do que acaba de ser dito: na sede do Tribunal de Justiça do Estado do Rio de Janeiro o número de salas de sessões destinadas aos julgamentos é inferior ao número de câmaras do tribunal, o que impõe um

---

5   Como no "caso Casa da Esperança", ocorrido em Fortaleza, Ceará, e que foi objeto de estudo aprofundado na obra de BAPTISTA FILHO, Sílvio Neves. *Atos concertados e a centralização de processos repetitivos*. Londrina, Thoth, 2023, p. 77 e s.

6   Bom exemplo disso é o que se tem visto na Caex, Coordenadoria de Apoio à Execução, órgão do Tribunal Regional do Trabalho da Primeira Região (e com órgãos análogos, com o mesmo nome ou outro similar, em outros Tribunais Regionais do Trabalho) que fica responsável pelo regime especial de execução unificada contra um mesmo executado.

Cap. 2 – Conceito e classificação da cooperação judiciária nacional | 13

compartilhamento de espaços. E para que isso funcione é preciso que haja um acordo entre órgãos jurisdicionais. Apenas para que se figure um caso: a 10ª Câmara de Direito Privado e a 9ª Câmara de Direito Privado compartilham uma mesma sala de sessões. E para que não haja problema, aquela realiza suas sessões ordinárias às terças-feiras, e essa última às quartas-feiras.

Também há experiências de compartilhamento de servidores. Algumas até são experiências bastante antigas (o que mostra, aliás, que a cooperação judiciária nacional não é um fenômeno novo, mas um fenômeno antigo que não era compreendido adequadamente).[7] Nos anos 1980, por exemplo, foi editada uma lei que duplicou o número de Varas Cíveis da Comarca do Rio de Janeiro, passando de 22 para 44 varas cíveis. Evidentemente, não havia servidores suficientes para, de uma hora para a outra, serem criadas 22 novas secretarias. A fim de viabilizar a instalação dos novos juízos, estabeleceu-se um compartilhamento de pessoal que durou vários anos. Assim, a Secretaria da 1ª Vara Cível passou a atender, também, o Juízo da recém-instalada 23ª Vara Cível. A Secretaria da 2ª Vara Cível passou a atender também a 24ª Vara Cível, e assim sucessivamente até a Secretaria da 22ª Vara Cível, que atendia à 44ª Vara Cível.[8]

Outros exemplos práticos de cooperação administrativa podem ser pensados, como é o caso do compartilhamento de conhecimento. Assim, por exemplo, o Tribunal de Justiça do Estado do Rio de Janeiro e o Tribunal de Justiça do Estado de Minas Gerais celebraram ato de cooperação para que aquele primeiro cedesse a este, de forma inteiramente gratuita, um curso em videoaulas sobre cooperação judiciária, ministrado por professores do Rio de Janeiro, para contribuir para a formação e atualização dos magistrados mineiros acerca do tema.

Caso muito interessante de cooperação administrativa é o que se tem com a criação do Fórum Permanente do Poder

---

7 O que foi bem percebido por Fernanda Bezerra, para quem, antes do CPC de 2015, a cooperação existia "de modo informal e sem que assim fosse denominada" (BEZERRA, Fernanda Tereza Melo. A cooperação judiciária e sua aplicabilidade no Tribunal de Justiça do Estado do Rio de Janeiro *Revista de Direito do Poder Judiciário do Estado do Rio de Janeiro*, v. 1, n. 1, p. 273, jul./dez. 2023).

8 Esse autor é testemunha ocular dessa cooperação. Quando iniciei minha atividade profissional, em 1988, ainda era assim que as secretarias funcionavam, e isso ainda se prolongou por alguns anos, entrando pela década de 1990.

Judiciário do Estado do Rio de Janeiro (Fojurj). Trata-se de organismo criado através de um ato de cooperação celebrado pelos quatro tribunais que têm sede no Rio de Janeiro (TJRJ, TRF2, TRT1 e TRE-RJ). O caso é interessante porque através do Fojurj esses Tribunais têm celebrado diversos atos de cooperação, como é exemplo a cooperação para uso, por todos esses tribunais, de pontos de inclusão digital (PIDs) instalados em municípios que não são sedes de fórum de nenhum dos quatro tribunais (como acontece, por exemplo, no Município de Areal). O que se tem aí, então, é uma *metacooperação*, já que os tribunais cooperaram para criar um fórum cuja finalidade é cooperar.

2.2.2. Cooperação por solicitação, por delegação, por conjunção e por concertação

Uma segunda forma de classificar os atos de cooperação judiciária nacional se faz pelo tipo de cooperação que se realiza. Pois aqui existem instrumentos de cooperação por *solicitação*, por *delegação*, por *conjunção* e por *concertação*.[9]

A cooperação por solicitação, pode-se dizer, é a mais tradicional. Afinal, é a que se conhece desde a época das Ordenações do Reino Português, quando um juízo podia solicitar a outro, de comarca distinta, a prática de algum ato processual por meio de *carta deprecatória*. Nas Ordenações Afonsinas, primeira grande compilação legislativa do Direito português, estabelecia-se (Livro III, Título XIII) que

> Todo homem pode citar seu averfairo perante o Juiz ordinario de feu foro, fe o feu averfairo hi he morador no lugar, e hi for achado: pero fe fe elle abfentar, poderá o Juiz manda-lo citar per fua Carta deprecatoria pera os Juizes do luguar, honde quer que elle for, declarando em a dita citaçaõ a rezaõ, porque o affy manda citar fora do feu Terrentorio.[10]

Posteriormente, já se falava em *carta precatória*. Assim, no Livro III, Título XI, das Ordenações Filipinas vinha estabelecido que

---

9   Didier Jr. também apresenta uma classificação como a que vai no texto, mas fala apenas em cooperação por solicitação, delegação ou concertação (DIDIER JÚNIOR, Fredie. *Cooperação Judiciária Nacional*. Salvador: JusPodivm, 2020, p. 75).

10 Adotou-se a ortografia da época, tanto aqui como em outras citações de textos normativos antigos.

Todo homem póde citar seu adversario perante o Juiz ordinario de seu fôro, se o seu adversario ahi he morador no lugar, e nelle fôr achado. Porém, se se absentar poderá o Juiz mandal-o citar per sua Carta precatoria, para os Juizes do lugar, onde quer que fôr, declarando nella a razão, por que o assi manda citar fóra do seu territorio.

A carta precatória é instrumento de cooperação judiciária que existe até hoje, regulado nos arts. 260 a 268 do CPC. Trata-se, como sabido, de mecanismo através do qual um juízo nacional solicita a outro juízo nacional, sem que entre eles haja qualquer tipo de subordinação hierárquica, a prática de um ato processual que deva ser realizado fora dos limites da competência territorial do juízo solicitante (*deprecante*). É, porém, instrumento extremamente burocrático, e cujo processamento pode ser (e costuma ser) muito moroso. Ocorre que há, atualmente, outros meios de se solicitar a cooperação judiciária, como o auxílio direto (art. 69, I, do CPC). Basta que um juízo, percebendo a necessidade de obter a cooperação de outro para que possa exercer a atividade jurisdicional ou administrativa com mais eficiência, dirija-se *diretamente* ao outro, por qualquer meio hábil de comunicação, e solicite sua ajuda. O Anexo I da Resolução 350 do CNJ, por exemplo, contém um modelo de e-mail que pode ser empregado para o pedido de auxílio direto, cujo teor é bastante simples. Confira-se:

MODELO EXEMPLIFICATIVO DE PEDIDO DE COOPERAÇÃO POR AUXÍLIO DIRETO

Processo nº:

Solicitante: Juízo

Solicitado: Juízo

Senhor Magistrado,

Nos termos dos artigos 67 a 69 do Código de Processo Civil e da Resolução nº CNJ 350/2020, venho por este e-mail requerer seus préstimos para que... (DESCREVER O ATO A SER PRATICADO, COM INDICAÇÃO PRECISA DOS ELEMENTOS DE SUA DEFINIÇÃO).

Ex. 1. "... encaminhe informações sobre o andamento do processo de execução em face de EMPRESA TAL, indicando se existem bens penhorados e se há previsão para realização de leilão para sua expropriação".

Ex. 2. "proceda à intimação da testemunha (NOME DA TESTE-MUNHA), endereço (LOCALIDADE), para comparecer à audiência na data (DATA), para prestar depoimento nos autos do processo no (NÚMERO DO PROCESSO) XXX, em trâmite nesta Comarca/ Subseção Judiciária".

Ex. 3. "proceda à penhora no rosto dos autos da quantia de R$ (VALOR EM NUMERAL) (VALOR POR EXTENSO), anotando a reserva do crédito em favor de (NOME DO BENEFICIÁRIO), cujo crédito decorre de sentença condenatória nos autos do processo em epígrafe, em trâmite nesta Vara (ESPECIFICAR O JUÍZO)."

Ex. 4. "encaminhe cópia integral dos autos do processo no (NÚMERO DO PROCESSO) XXX, em trâmite nesta Subseção Judiciária, a fim de instruir o processo em epígrafe".

Solicita-se que a providência seja cumprida como auxílio direto, podendo ser documentada e encaminhada por e-mail, bastando indicação do nome do servidor responsável pela providência solicitada e respectiva matrícula.

Estamos à disposição para esclarecimento de quaisquer dúvidas e nos colocamos às ordens para cooperar com o i. colega em outras oportunidades.

Data

Assinatura do juízo solicitante

Fica claro, assim, que é possível obter-se, através do auxílio direto, os mesmos resultados que normalmente seriam alcançados através da expedição de carta precatória, mas com muito menos dispêndio de tempo e energia, o que revela um tremendo ganho de eficiência processual. O procedimento fica mais simples, mais barato (já que normalmente são cobradas custas elevadas para o processamento de cartas precatórias) e os resultados são alcançados em tempo muito mais razoável, sem que haja o comprometimento de qualquer garantia processual. Daí porque se poder afirmar que a expedição de carta precatória hoje deve ser considerada subsidiária, só se justificando se, por qualquer razão, não for possível a solicitação por auxílio direto.[11]

Vale registrar, aqui, o que ensina Fernanda Bezerra, ao tratar do art. 69, § 1º, do CPC (segundo o qual as cartas precatórias, rogatórias, de ordem ou arbitrais seguirão o regime previsto no Código):

---

11 Vale reproduzir, aqui, o disposto no art. 5º, § 2º, da Resolução nº 8/2021 do Órgão Especial do Tribunal de Justiça do Rio de Janeiro: "Por força da regra da informalidade dos atos de cooperação prevista no art. 69, *caput*, do CPC, a expedição de cartas precatórias e de ordem terá caráter subsidiário, e só deverá ocorrer nos casos em que não se consiga realizar o ato para o qual se faz necessária a cooperação judiciária de outro modo".

CAP. 2 – CONCEITO E CLASSIFICAÇÃO DA COOPERAÇÃO JUDICIÁRIA NACIONAL | **17**

(...) a interpretação dada pelos operadores do Direito foi justamente a que não era para ser dada: de que as cartas precatórias permaneceriam como instrumento principal e, assim, não se implementou a política da cooperação como alternativa para a carta precatória, o que, embora estejamos vivendo a era da tecnologia, se apresenta como um grande retrocesso no processo civil contemporâneo. Apenas expedir a precatória por meio eletrônico não é mais suficiente para que se alcance a máxima eficiência processual. Isso era o melhor dos mundos em 2006, quando essa possibilidade surgiu diante de um cenário em que tudo era feito de forma manual.[12]

E a mesma autora, nessa linha, afirma que o auxílio direto "pode e deve ser utilizado para que os atos de citação e intimação sejam praticados de forma mais eficiente, ficando a expedição da carta precatória para casos que demandem um procedimento mais detalhado, por exemplo, para a realização de estudo social ou perícia técnica".[13]

Por isso, vale reproduzir aqui a conclusão apresentada por Fernanda Bezerra:

> É chegado o tempo de abrir novos horizontes e aproveitar deste rico instrumento processual que o legislador, sabiamente, nos presenteou. Reafirmamos que a quebra dos paradigmas e da cultura enraizada de que os atos de citação e intimação precisam continuar sendo praticados da mesma forma que se fazia há 50 (cinquenta) anos precisa acontecer de forma imediata para que o processo civil siga avançando.[14]

A cooperação por solicitação, por sua vez, pode ter como objeto a prática de atos de natureza jurisdicional (como a realização de citações e intimações, ou a colheita de provas) ou administrativa (por exemplo, a requisição de informações à Corregedoria

---

12 BEZERRA, Fernanda Tereza de Melo. Cooperação judiciária nacional: auxílio direto e a subsidiariedade da carta precatória para os atos de citação e intimação. *Revista de Processo*, v. 49, n. 349, p. 5, mar. 2024.

13 BEZERRA, Fernanda Tereza de Melo. Cooperação judiciária nacional: auxílio direto e a subsidiariedade da carta precatória para os atos de citação e intimação. *Revista de Processo*, v. 49, n. 349, p. 8, mar. 2024.

14 BEZERRA, Fernanda Tereza de Melo. Cooperação judiciária nacional: auxílio direto e a subsidiariedade da carta precatória para os atos de citação e intimação. *Revista de Processo*, v. 349, p. 9, 2024. Queria deixar aqui registrado que eu teria muito orgulho se pudesse dizer que escrevi essas palavras. Parabéns à Professora Fernanda Bezerra pela rara felicidade de produzir um texto tão emblemático.

Geral de Justiça acerca da possibilidade de compartilhamento temporário de pessoal).

Outra espécie é a cooperação por delegação. Aqui, um órgão jurisdicional transfere a outro sua competência para a prática de um ou alguns atos determinados.

Exemplo tradicional de cooperação por delegação é a que se tem quando da expedição de uma *carta de ordem*, instrumento empregado por um Tribunal para delegar a órgão jurisdicional inferior a competência para a prática de atos processuais. Pense--se, por exemplo, no disposto no art. 972 do CPC, que prevê a possibilidade de o relator do processo da ação rescisória delegar a juízo de primeira instância perante o qual tenha tramitado o processo original a prática dos atos de produção de prova.

Da carta de ordem pode-se dizer o mesmo que se afirmou acerca da carta precatória, sendo sua expedição, hoje em dia, subsidiária.

Vale deixar um ponto claro: só há cooperação por delegação entre órgãos de hierarquias distintas, com o órgão de hierarquia mais elevado atribuindo (*rectius*, delegando) a outro, de hierarquia inferior, a atribuição de praticar um ou mais atos processuais. Assim, por exemplo, o tribunal de segunda instância *delega* ao juízo de primeiro grau a competência para produzir uma ou mais provas no processo da ação rescisória. Do mesmo modo, o tribunal pode delegar a um juízo de primeira instância a função de promover uma intimação. Não havendo hierarquia, porém, não haverá delegação. É o que acontece, por exemplo, quando um integrante de tribunal de segunda instância atribui a outro integrante do mesmo tribunal a função de praticar determinado ato. Nesse caso haverá cooperação por concertação (ou por con-junção), mas não por delegação.

Terceira modalidade de cooperação judiciária é a *cooperação por conjunção*. Essa modalidade não tem previsão expressa no CPC, mas se encontra regulada na Resolução nº 350 do CNJ, cujo art. 5º, II, prevê a possibilidade de prática de atos conjuntos.[15]

Na cooperação por conjunção dois ou mais juízos se reúnem para que se pratique um ato processual que, ao mesmo tempo,

---

15 Também diferencia os atos conjuntos dos atos concertados FERREIRA, Gabriela Macedo. *Ato concertado entre juízes cooperantes.* Salvador: JusPodivm, 2023, p. 226.

Cap. 2 – Conceito e classificação da cooperação judiciária nacional | 19

integrará o procedimento de dois ou mais processos. É o que ocorre, por exemplo, quando se realiza uma perícia conjunta para dois ou mais processos (que tramitam perante juízos distintos).

Basta pensar no caso de tramitarem, perante dois ou mais juízos distintos, processos cujos autores postulam, perante a concessionária do serviço de fornecimento de água, reparação de danos decorrentes da má qualidade da água fornecida. Pois é perfeitamente possível que esses juízos nomeiem um só perito e determinem a realização de uma só perícia acerca da qualidade da água. Essa perícia, então, será usada como prova em todos aqueles processos.

Perceba-se que não se trata aí de prova emprestada, já que não se trata de uma prova produzida originariamente para um processo e depois transportada por empréstimo para outro. O que se tem é uma prova originariamente produzida para dois ou mais processos. Desse modo, será imperioso que todos os sujeitos de todos aqueles processos possam atuar em contraditório, acompanhando as diligências periciais, formulando quesitos e indicando assistentes técnicos, além de poder impugnar o laudo pericial que venha a ser apresentado.

O que facilmente se percebe é que, em um caso assim, não só se ganha tempo, mas haverá uma imensa economia de dinheiro (já que será possível o rateio do custo da perícia), e, além disso, a cooperação funcionará como um relevante mecanismo de inibição de decisões conflitantes (já que, no caso de mais de uma perícia, seria em tese possível que os diferentes peritos chegassem a soluções distintas).

Outro exemplo de cooperação por conjunção se dá no caso de se realizar uma audiência que sirva, simultaneamente, a mais de um processo.

Houve, no Rio de Janeiro, um caso bastante interessante (e que, na verdade, reúne mais de uma forma de cooperação, a mostrar que pode haver ato de cooperação de natureza híbrida). Havia, tramitando perante quatro juízos distintos, cinco processos entre as mesmas partes. As duas partes ocupavam, a depender do processo, a posição de autor ou de réu. E todos envolviam cobranças de valores em dinheiro. Não havia, porém, conexão ou qualquer risco de decisões conflitantes ou contraditórias. O que existia era, tão somente, a possibilidade de compensação dos créditos que viessem a ser reconhecidos. Em função disso, as quatro magistradas em atuação naqueles juízos se reuniram e designaram uma audiência de conciliação única para todos os processos, a ser realizada por uma delas (a única que atuava em um juízo em que tramitavam dois processos). Até aí, havia cooperação por conjunção. Ocorre que os outros três juízos delegaram àquele perante o qual se realizaria a audiência conjunta o poder de, caso se alcançasse uma solução consensual, homologar o acordo. Desse modo, seria possível que a magistrada de um juízo proferisse sentença em processo que tramita perante juízo em que ela não atua. De outro lado, não sendo possível a autocomposição (que foi o que acabou acontecendo), os processos voltariam a tramitar separadamente. Houve, então, ao mesmo tempo, cooperação por conjunção e por delegação, praticando-se um ato de cooperação de natureza híbrida.

A cooperação por conjunção também pode ser usada para a prática de atividade administrativa. Basta pensar na produção de prova única para dois ou mais processos administrativos disciplinares em trâmite perante a Corregedoria Geral de Justiça de um tribunal qualquer.

Por fim, a última modalidade é a *cooperação por concertação*. Aqui dois ou mais juízos, de comum acordo, celebram um convênio para a prática de atos processuais ou a construção de procedimentos. Assim, por exemplo, pode ser realizado um ato concertado para fixar regras de competência (como se deu no caso do Ato Concertado nº 1/2021 celebrado entre a 1ª e a 2ª Varas de Família Regionais da Barra da Tijuca, na comarca do Rio de Janeiro, pelo qual se estabeleceu que processos de competência dos juízos cooperantes envolvendo a mesma entidade familiar sempre seriam atribuídos ao mesmo juízo).[16]

Outros exemplos podem ser figurados aqui. É possível, por exemplo, a prática de ato concertado para centralização de processos repetitivos ou para a facilitação da habilitação de créditos trabalhistas em processo de falência ou de recuperação judicial. Também para o incremento da eficiência administrativa é possível haver cooperação por concertação. Basta pensar na celebração de ato concertado para compartilhamento temporário

---

16 Esse ato concertado foi incluído no rol de boas práticas de cooperação judiciária do Fórum Permanente de Processualistas Civis (boa prática nº 5).

de servidores. Imagine-se, por exemplo, uma comarca com três juízos, cada um deles com seis servidores por Secretaria. Aqui seria possível cogitar-se de um ato concertado entre os juízes no sentido de que, sempre que alguma secretaria ficasse desfalcada de três servidores ao mesmo tempo (bastando imaginar que haja um de férias e outros dois precisem de licença-médica), cada um dos outros dois juízes cederá um servidor, de modo que todas as secretarias atuarão com cinco servidores, até que haja o retorno de pelo menos um daqueles que estavam afastados.

Discute-se a natureza jurídica do ato concertado. Há, por exemplo, quem sustente tratar-se de negócio jurídico processual.[17] De outro lado, há quem afirme tratar-se de um negócio jurídico de direito público, mas que não se confundiria com um negócio processual.[18]

De outro lado, há quem negue natureza negocial aos atos concertados, por negar capacidade negocial aos órgãos jurisdicionais, afirmando estar-se aí diante de convênios sem natureza negocial.[19]

A questão, porém, é mais complexa. Antes de tudo, é preciso negar que o ato concertado seja um negócio jurídico processual. É que somente as partes podem celebrar esse tipo de negócio.[20]

Superado esse ponto, impõe-se reconhecer que os atos concertados destinados à cooperação administrativa têm natureza distinta daqueles cujo objetivo seja a cooperação jurisdicional.

Atos concertados de cooperação administrativa não têm natureza de contratos administrativos. É que nesses atos não aparecem cláusulas exorbitantes, as quais são essenciais para a caracterização dos contratos administrativos.[21] Eles devem ser vistos, então, como

---

17 Assim, por todos, BAPTISTA FILHO, Sílvio Neves. *Atos concertados e a centralização de processo repetitivos*. Londrina: Thoth, 2023, p. 48.

18 FERREIRA, Gabriela Macedo. *Ato concertado entre juízes cooperantes*. Londrina: Thoth, 2023, p. 227.

19 CABRAL, Antonio do Passo. Fundamentos para uma teoria da cooperação judiciária. *In*: DIDIER JR., Fredie; CABRAL, Antonio do Passo (coord.). *Cooperação judiciária nacional*. Salvador: JusPodivm, 2021, p. 29-30.

20 CABRAL, Antonio do Passo. Fundamentos para uma teoria da cooperação judiciária. *In*: DIDIER JR., Fredie; CABRAL, Antonio do Passo (coord.). *Cooperação judiciária nacional*. Salvador: JusPodivm, 2021, p. 30. Tenho sustentado em outras sedes que somente as partes podem celebrar negócios processuais. Assim, por exemplo, CÂMARA, Alexandre Freitas. *Manual de direito processual civil*. 3. ed. Barueri: Atlas, 2024, p. 287.

21 HORBACH, Carlos Bastide. Contratos Administrativos: conceito e critérios distintivos. *Revista Brasileira de Políticas Públicas*, v. 6, n, 1, p. 55, 2016.

convenções administrativas não negociais, e sua natureza é de atos administrativos complexos.[22]

Já os atos concertados de cooperação jurisdicional são verdadeiros atos processuais *stricto sensu*, sem natureza negocial (já que, como visto, somente as partes podem celebrar negócios processuais).[23]

2.2.3. Cooperação típica e atípica

O último critério de classificação distingue a cooperação típica da atípica. O art. 68 do CPC expressamente prevê que a cooperação pode ser realizada para a prática de qualquer ato processual. Existe, portanto, uma *cláusula geral de atipicidade da cooperação judiciária nacional*. Isso não significa, porém, que não existam alguns casos de cooperação judiciária típica, expressamente prevista e descrita na lei processual ou em Resolução do Conselho Nacional de Justiça.

São típicas, por exemplo, as hipóteses de cooperação previstas no art. 69 do CPC (entre as quais se encontram a reunião ou apensamento de processos, a prestação de informações ou o ato concertado para a instituição de procedimento destinado à efetivação de citações e intimações). Também são modalidades de cooperação típica as que se encontram no art. 6º da Resolução nº 350 do CNJ, entre as quais podem ser mencionadas a definição de juízo competente para decisão sobre questão comum ou questões semelhantes ou de algum modo relacionadas, a produção de prova única relativa a fato comum ou a transferências de presos.[24]

Mas há um imenso espaço para cooperações atípicas. Exemplos já apresentados neste estudo, como o da realização de audiência de conciliação conjunta para vários processos, servem para

---

22 "Ato complexo é um ato único, indiviso, embora resultante de vontades distintas e homogêneas, nenhuma das quais idônea a constituir um ato administrativo à parte" (PONDÉ, Lafayette. Controle dos atos da administração pública. *Revista de Informação Legislativa*, v. 35, n. 139, p. 133, jul./set. 1998).

23 São atos processuais aqueles que, praticados pelos sujeitos do processo (como são os órgãos jurisdicionais), têm por consequência imediata a constituição, a conservação, o desenvolvimento, a modificação ou a extinção de um processo (CÂMARA, Alexandre Freitas. *Manual de direito processual civil*. 3. ed. Barueri: Atlas, 2024, p. 258). No caso dos atos concertados de cooperação jurisdicional, o que se tem é a prática de ato destinado ao desenvolvimento do processo.

24 E esse último exemplo serve para demonstrar que a cooperação judiciária nacional, embora originariamente prevista no CPC, também é perfeitamente aplicável ao processo penal.

demonstrar isso. A rigor, pode-se mesmo dizer que a cláusula geral de atipicidade da cooperação judiciária nacional permite um imenso espaço para o desenvolvimento de práticas cooperativas, e os profissionais que atuam no Poder Judiciário ou que com ele se relacionam no sistema de prestação da jurisdição podem "colocar a imaginação para funcionar". O limite para a cooperação judiciária nacional pode não ser o céu (na verdade, o limite é a Constituição da República), mas o campo dentro do qual se pode, através da cooperação judiciária, ampliar a eficiência do sistema processual é gigantesco.

3

FONTES NORMATIVAS DA COOPERAÇÃO JUDICIÁRIA NACIONAL

A cooperação judiciária tem base em algumas previsões normativas que estabelecem não só as suas bases, mas também a existência de um *dever de cooperação* entre órgãos jurisdicionais. É preciso conhecê-las.

Embora a cooperação judiciária nacional seja fenômeno muito antigo, como mostra a regulamentação das cartas precatórias (as quais, como visto, já estavam previstas nas Ordenações Afonsinas), pode-se afirmar que os órgãos do Poder Judiciário cooperavam entre si ou com outras instituições de modo instintivo, sem saber exatamente o que estava sendo feito. A primeira vez que se concebeu a cooperação judiciária nacional como um fenômeno que poderia ser compreendido de modo sistemático foi na Recomendação nº 38 do Conselho Nacional de Justiça, datada de 3 de novembro de 2011, a qual recomendava aos tribunais "a instituição de mecanismos de cooperação judiciária entre os órgãos do Poder Judiciário". Ali já se fazia referência à instituição de núcleos de cooperação judiciária e à figura do juiz de cooperação. E algumas disposições muito interessantes podem ser encontradas naquele texto, como é o caso do art. 3º, parágrafo único, do Anexo da Recomendação, segundo o qual "[o] juiz poderá recorrer ao pedido de cooperação antes de determinar a expedição de carta precatória ou de suscitar conflito de competência". Já aí aparecia, pela primeira vez, o reconhecimento de que a carta precatória poderia ter um caráter subsidiário como mecanismo de cooperação.

É preciso reconhecer, porém, que a Recomendação nº 38 não produziu grandes efeitos práticos,[1] e as coisas só começaram a mudar com a entrada em vigor do CPC de 2015.

3.1. O CÓDIGO DE PROCESSO CIVIL

O CPC de 2015 foi a primeira base normativa relevante da cooperação judiciária nacional. Afinal, foi a primeira lei processual a tratar de tema de forma sistemática, o que fez em três artigos (arts. 67 a 69).

O primeiro desses dispositivos estabelece um *dever de cooperação* para todos os órgãos do Poder Judiciário, a ser cumprido por magistrados e servidores. Aqui é preciso grande atenção. Cooperar é um dever jurídico, não uma mera faculdade.[2]

Evidentemente, isso não significa que tudo deve ser feito através de cooperação judiciária, ou que seja vedado a um juízo negar um pedido de cooperação. É preciso considerar, porém, que para caso em que se cogite da prática de atos de cooperação haverá uma resposta correta a dar:[3] ou é caso de cooperação, e aí

---

1   Assim, expressamente, afirmam Mario Augusto Figueiredo de Lacerda Guerreiro e Richard Pae Kim que "os avanços foram muito tímidos. Apenas algumas ações isoladas de formação e de atuação de núcleos de cooperação ocorreram em alguns tribunais e em muitos casos ficaram apenas no papel" (GUERREIRO, Mario Augusto Figueiredo de Lacerda; KIM, Richard Pae. O papel do Conselho Nacional de Justiça na implantação da cooperação judiciária nacional. *In*: DIDIER JR., Fredie; CABRAL, Antonio do Passo (coord.). *Cooperação judiciária nacional*. Salvador: JusPodivm, 2021, p. 122).

2   No mesmo sentido, ARAGÃO, Nilsiton Rodrigues de Andrade. A atuação dos sujeitos processuais na cooperação judiciária nacional. *In*: DIDIER JR., Fredie; CABRAL, Antonio do Passo (coord.). *Cooperação judiciária nacional*. Salvador: JusPodivm, 2021, p. 182-183.

3   Fica aqui evidente minha adesão à visão pós-positivista do Direito e do exercício da jurisdição, construída a partir do pensamento de Ronald Dworkin. A tese da resposta correta é aqui sustentada a partir das ideias sobre o tema lançadas por DWORKIN, Ronald. *Uma questão de princípio*. 2. ed. Trad. bras. de Luís Carlos Borges. São Paulo: Martins Fontes, 2005, p. 175 e s. Venho adotando expressamente o pensamento de Dworkin como marco teórico desde CÂMARA, Alexandre Freitas. *Levando os padrões decisórios a sério*. São Paulo: Atlas, 2018.

os juízos ou tribunais *têm, necessariamente,* de cooperar, ou não é, e eles *não poderão* cooperar.

É por isso que toda vez que, formulado um pedido de cooperação, o juízo a que tal pedido é dirigido negar-se a cooperar, será preciso que a recusa seja expressamente fundamentada. E essa fundamentação não pode ser baseada em algum tipo de discricionariedade do juízo. Um ponto de partida para identificar fundamentos legítimos para a recusa em cooperar pode ser encontrado no art. 267 do CPC, que prevê os fundamentos para que o juízo deprecado recuse a cumprir uma carta precatória.[4] Assim, por exemplo, pode a recusa fundar-se na incompetência do juízo a que se tenha solicitado a cooperação (caso em que o pedido de cooperação pode ser imediatamente encaminhado ao juízo competente); na ausência de algum requisito legal (hipótese na qual, suprido o vício formal, a cooperação passa a ser possível); na dúvida acerca da autenticidade do pedido de cooperação (caso em que se adia a cooperação até o momento em que seja possível conferir essa autenticidade). Outros fundamentos possíveis são a ilicitude do objeto do ato de cooperação ou a impossibilidade prática de realização do ato.[5]

O último (e mais importante) fundamento que pode legitimar a recusa em cooperar é a ineficiência do ato de cooperação solicitado. Deve-se permitir que o juízo a que tenha sido solicitada a cooperação recuse seu cumprimento desde que demonstre, justificadamente, que aquele ato não vai tornar a atividade jurisdicional ou administrativa do Poder Judiciário mais eficiente. Deve-se observar aqui, porém, o disposto no art. 489, § 1º, II, do CPC, não podendo o juízo simplesmente invocar o princípio da eficiência, mas exigindo uma demonstração analítica das razões pelas quais não seria possível incrementar a eficiência da atividade através da prática daquele ato.

A decisão do juízo no sentido de recusar a cooperação deve ser passível de controle por órgão superior. E aí surge um

---

4   Assim, também, ARAGÃO, Nilsiton Rodrigues de Andrade. A atuação dos sujeitos processuais na cooperação judiciária nacional, *In*: DIDIER JR., Fredie; CABRAL, Antonio do Passo (coord.). *Cooperação judiciária nacional*. Salvador: JusPodivm, 2021, p. 184.

5   Esses dois últimos exemplos são de ARAGÃO, Nilsiton Rodrigues de Andrade. *A atuação dos sujeitos processuais na cooperação judiciária nacional. In*: DIDIER JR., Fredie; CABRAL, Antonio do Passo (coord.). *Cooperação judiciária nacional*. Salvador: JusPodivm, 2021, p. 184.

problema de que se tratará em passagem posterior deste estudo, quando se examinará quais são os mecanismos que permitem o controle dos atos de cooperação (ou de negativa de cooperação). Visto o teor do art. 67 do CPC, que prevê, como já examinado, o dever de cooperação, é preciso dizer que o art. 68 do código estabelece que a cooperação pode ser empregada para a prática de qualquer ato processual. E isso já é uma indicação dos amplos limites da cooperação judiciária, de que o estudo de suas diversas classificações já foi capaz de demonstrar, e de que muito ainda se falará neste trabalho.

Por fim, o art. 69 indica que o pedido de cooperação deve ser *prontamente atendido*, o que significa que, ao receber um pedido de cooperação judiciária, caberá ao órgão jurisdicional, com a máxima presteza possível, respondê-lo, seja para cooperar, seja para fundamentadamente rejeitar a cooperação. No mesmo artigo se vê a *liberdade das formas*, já que a cooperação não depende de forma específica, o que a põe em conformidade com o art. 188 do CPC.

Essa liberdade de formas permite, por exemplo, o emprego de tecnologias de uso bastante simples, como aplicativos de mensagens, para o envio de pedidos de cooperação. Deve-se dar preferência, porém, aos canais oficiais de comunicação (como os e-mails institucionais), a fim de evitar o risco de que surja dúvida sobre a autenticidade do pedido.

Também no art. 69 se encontra uma relação exemplificativa de atos de cooperação judiciária nacional (falando o texto legal em auxílio direto, reunião ou apensamento "de processos",[6] prestação de informações e atos concertados entre juízos cooperantes).[7]

O § 1º do art. 69 estabelece que as cartas (de ordem, precatória e arbitral), relevantes mecanismos de cooperação judiciária, se submetem à regulamentação que lhes é específica. E o § 2º do mesmo artigo traz uma relação exemplificativa de atos concertados, dos quais se tratará mais adiante.

Por fim, o § 3º do art. 69 estabelece que a cooperação pode ser pedida por um órgão judiciário a outro que integre ramo diferente do Poder Judiciário. Assim, pode haver, por exemplo,

---

6   Evidentemente o apensamento é de autos, e não de processos.
7   Fala o texto legal em "juízes" cooperantes, mas a cooperação se dá entre os órgãos, e não entre as pessoas.

3.2. A RESOLUÇÃO Nº 350 DO CONSELHO NACIONAL DE JUSTIÇA

Em 27 de outubro de 2020, foi editada a Resolução nº 350 do CNJ, que estabeleceu diretrizes e procedimentos sobre a cooperação judiciária nacional entre os órgãos do Poder Judiciário e outras instituições e entidades. Essa Resolução foi depois alterada por outras (Resoluções nº 421/2021, nº 436/2021, nº 498/2023 e nº 499/2023), mas nenhuma delas modificou sua estrutura.

A Resolução nº 350 do CNJ começa com um capítulo que contém disposições gerais sobre a cooperação judiciária nacional. Ali se diz (art. 1º) que a cooperação pode se dar para realização de atividade administrativa e para o exercício de funções jurisdicionais, o que remete a uma das classificações da cooperação anteriormente apresentadas. Nesse artigo se diz que a cooperação pode ser ativa, passiva ou simultânea, e que deve ser observado o princípio do juiz natural, além das atribuições administrativas de cada órgão. Também se faz referência à cooperação interinstitucional, que será objeto de análise em momento posterior deste trabalho.

O art. 2º da resolução reproduz o art. 67 do CPC, com o acréscimo de que a cooperação se faz para incremento da eficiência de suas atividades. E o art. 3º reproduz o art. 68 do CPC, com o adendo de que as partes do processo devem ser intimadas (o que, evidentemente, só faz sentido quando a cooperação diz respeito a processos determinados).

Em seguida, o art. 4º faz alusão à cooperação por concertação, deixando claro que essa modalidade de cooperação vincula os juízos que dela tenham participado (art. 4º, parágrafo único). Os juízos, e não os juízes, de modo que a mudança do magistrado que atua perante um dos órgãos cooperantes não retira a eficácia do ato concertado.

No art. 5º se estabelece que a cooperação judiciária pode ser feita entre órgãos de distintos ramos do Poder Judiciário (o que reproduz o art. 69, § 3º, do CPC). Diz-se, também, que a cooperação pode se dar por auxílio direto, concertação, por conjunção e por outros instrumentos adequados (o que remete a outra classificação já apresentada neste estudo).

Em seguida, há uma expressa exigência de documentação dos atos de cooperação judiciária. Tive oportunidade de escrever sobre isso ainda antes da edição da Resolução nº 350,[8] e reproduzo aqui as principais ideias que então apresentei.

O Fórum Permanente de Processualistas Civis (FPPC) aprovou, em seu X Encontro (2019), o Enunciado nº 687, assim redigido: "A dispensa legal de forma específica para os atos de cooperação judiciária não afasta o dever de sua documentação nos autos do processo". No que diz respeito aos atos de cooperação judiciária de natureza jurisdicional, é evidente a afirmação de que eles se destinam a produzir efeitos em processos, razão pela qual devem ser considerados atos processuais.[9] Pois os atos processuais, como os atos jurídicos em geral, têm forma.[10]

A forma dos atos processuais é regida por quatro normas: a da liberdade das formas, a da instrumentalidade das formas, a da publicidade e a da documentação.[11] Pois aqui importa a exigência de que os atos processuais sejam documentados. Essa exigência é ainda mais relevante quando se considera que os atos de cooperação se sujeitam à regra da liberdade das formas, não havendo solenidades expressamente previstas em lei como exigências de sua validade (CPC, art. 69). Ocorre que da liberdade de forma não resulta, nem poderia resultar, uma dispensa de sua documentação. Assim, caso o ato de cooperação seja praticado por escrito, bastará juntar o documento com seu conteúdo aos autos. E no caso de ser ele praticado por outra forma (por exemplo, um ato de cooperação

---

8   CÂMARA, Alexandre Freitas. Atos de cooperação devem ser documentados (e o enunciado 687 do FPPC). *Conjur*, 10 abr. 2019. Disponível em: https://www.conjur.com.br/2019-abr-10/alexandre-camara-documentacao-atos-cooperacao-judiciaria/. Acesso em: 16 fev. 2024.

9   E isso foi expressamente afirmado, em passagem anterior deste trabalho, na determinação da natureza jurídica dos atos concertados de natureza jurisdicional. Também os atos de cooperação por solicitação, delegação ou conjunção, porém, serão atos processuais quando tiverem natureza jurisdicional.

10 Na doutrina civilista, afirma-se que não existe negócio jurídico sem forma (assim, por todos, TEPEDINO, Gustavo; OLIVA, Milena Donato. *Fundamentos do direito civil* Rio de Janeiro: Forense, 2020, v. 1, p. 244). Como sabido, porém, aos atos jurídicos em sentido estrito também se aplica essa exigência (como resulta, do ponto de vista normativo, do disposto no art. 185 do Código Civil).

11 CÂMARA, Alexandre Freitas. *Manual de direito processual civil*. 3. ed. Barueri: Atlas, 2024, p. 261-262.

Cap. 3 – Fontes normativas da cooperação judiciária nacional | 31

por solicitação realizado por ligação telefônica), será necessária sua redução a escrito, mediante a elaboração de um termo.

Imagine-se, por exemplo, a prática de atos concertados entre juízos cooperantes. Seria possível, por exemplo, que os juízos de uma determinada comarca ajustassem entre eles um procedimento a ser observado para a citação de determinado litigante habitual, como uma instituição financeira. Pois parece evidente que, diante da regra da liberdade das formas, esse ato concertado prescinde de forma determinada, podendo esse ajuste entre os juízos cooperantes ser realizado de modo informal, em uma reunião entre os magistrados. Daí não resulta, porém, a dispensa de que esse verdadeiro protocolo entre juízos seja documentado e juntado aos autos, como forma de assegurar que todos os sujeitos do processo tenham acesso ao seu teor e, assim, possam aferir a validade do ato citatório que com base nele tenha sido praticado.

A exigência de documentação dos atos de cooperação, portanto, é da maior importância para assegurar a observância do devido processo nos casos em que, sem maiores formalidades, sejam praticados atos de cooperação judiciária. Só assim será possível garantir que todos os atores do processo, a qualquer tempo, tenham acesso ao teor do ato de cooperação e, por conseguinte, se possa exercer controle sobre a legitimidade desses atos e dos atos que dele resultam.

Ainda no art. 5º da Resolução nº 350 do CNJ encontra-se a exigência de que a cooperação judiciária seja fundamentada, objetiva e imparcial (o que constitui uma manifestação da garantia do devido processo constitucional) e que seja sempre comunicada às partes, que precisam ter a possibilidade de provocar o controle desses atos. Além disso, a publicidade da cooperação é uma exigência do dever de todo agente público prestar contas à sociedade (*accountability*), e com os órgãos do Poder Judiciário do Estado Democrático de Direito não poderia ser diferente.

O art. 6º da Resolução nº 350 traz uma longa enumeração exemplificativa de atos de cooperação, que serão objeto de análise em tópico específico deste trabalho. Em seus parágrafos, a Resolução estabelece que a cooperação judiciária pode ser um mecanismo de implementação de políticas nacionais do Poder Judiciário (como se dá, por exemplo, com a erradicação do sub--registro civil, tema que já se tornou objeto de tratativas para cooperação interinstitucional no Estado do Rio de Janeiro, por exemplo). Também se estabeleceu que caberá ao próprio CNJ propor ato normativo regulamentando a transferência de presos.[12]

O art. 7º da Resolução nº 350 trata da Rede Nacional de Cooperação Judiciária, a qual é a reunião de todos os juízes de cooperação e núcleos de cooperação de cada um dos tribunais brasileiros, composta também por um Comitê Executivo da Rede Nacional, o qual é instituído pelo CNJ e presidido por um Conselheiro.[13] Ali também se estabelece que os tribunais superiores, inclusive o STF, podem aderir à Rede Nacional de Cooperação Judiciária. E o STF, através de seu Núcleo de Solução Consensual de Conflitos (Nusol), tem praticado atos de cooperação judiciária e interinstitucional, tendo se comprometido expressamente a cooperar de forma recíproca com os demais órgãos do Poder Judiciário e outras entidades para a prática de atos judiciais ou administrativos.[14]

Há, ainda, no § 2º do art. 7º da resolução, a previsão de que órgãos judiciários de todos os ramos que tenham sede em um mesmo Estado da Federação podem articular-se em comitês

---

12   O CNJ editou a Resolução nº 404, de 2 de agosto de 2021, que estabelece diretrizes e procedimentos, no âmbito do Poder Judiciário, para a transferência e o recambiamento de pessoas presas, dando, assim, cumprimento ao art. 6º, § 2º, da Resolução 350.

13   Quando este livro estava sendo escrito, em fevereiro de 2024, a composição do Comitê Executivo da Rede Nacional de Cooperação era a seguinte: Conselheiro Mauro Pereira Martins (CNJ), Ricardo Fioreze (CNJ), Juiz de Direito Dorotheo Barbosa Neto (juiz auxiliar da Presidência do CNJ), Juiz de Direito João Thiago de França Guerra (juiz auxiliar da Presidência do CNJ), Juíza do Trabalho Roberta Ferme Sivolella (juíza auxiliar da Corregedoria Nacional de Justiça), Juíza de Direito Adriana Franco Mello Machado (juíza auxiliar da Presidência do CNJ), Juíza de Direito Fabiane Pieruccini (juíza auxiliar da Presidência do CNJ), Juíza de Direito Karen Luise Vilanova Batista de Souza (juíza auxiliar da Presidência do CNJ), Juiz de Direito Marco Antonio Martin Vargas (TJSP), Professor Antonio do Passo Cabral (MPF e UERJ), Professor Fredie Didier Júnior (advogado e UFBA), Desembargador Alexandre Freitas Câmara (TJRJ), Professor Alexandre Reis Siqueira Freire (secretário do STF e, posteriormente, conselheiro da ANATEL), Juiz de Direito Tiago Tweedie Luiz (TJRS), Desembargador Silvio Neves Baptista Filho (TJPE), Desembargadora Vânia Marques Marinho (TJAM), Juiz do Trabalho Leandro Fernandez Teixeira (TRT-6), Juiz de Direito João Felipe Menezes Lopes (juiz auxiliar da Presidência do CNJ). Essa composição, embora constasse do site do CNJ, porém, estava defasada. Basta dizer que o mandato do Conselheiro Mauro Pereira Martins já havia acabado, e seu nome ainda constava naquele site. Ele foi posteriormente substituído pela Conselheira Mônica Nobre.

14   Disponível em: https://portal.stf.jus.br/textos/verTexto.asp?servico=cmc&pagina =apresentacao#:~:text=TERMOS%20DE%20COOPERA%C3%87%C3%83O%20 JUDICI%C3%81RIA%20VIGENTES,de%20atos%20judiciais%20ou%20administrati-vos. Acesso em: 16 fev. 2024.

executivos estaduais compostos por representantes de cada um dos ramos do Poder Judiciário. No Rio de Janeiro, por exemplo, foi criado o Fórum Permanente do Poder Judiciário do Estado do Rio de Janeiro (Fojurj), composto pelos presidentes e pelos Corregedores de Justiça do TJRJ, TRF-2, TRT-1 e TRE-RJ.

Depois das disposições gerais, a Resolução n° 350 traz um capítulo (arts. 8° a 11) para tratar dos atos conjuntos e dos atos concertados e dos pedidos de cooperação. Aí se estabelece que o pedido de cooperação deve ser prontamente atendido (o que é reprodução do art. 69 do CPC), prescinde de forma específica (o que também consta do art. 69), e que pode se dar por auxílio direto (adequado para a cooperação por solicitação ou por delegação), atos conjuntos ou atos concertados. Seu processamento será informado pelos princípios da celeridade, da concisão, da instrumentalidade das formas e da unidade da jurisdição nacional, dando-se prioridade ao emprego de meios eletrônicos.

Os pedidos de cooperação devem ser feitos de forma fundamentada, objetiva e imparcial (o que é mera repetição do art. 5°, IV, da própria Resolução n° 350), e a eles se aplica o disposto no art. 357, § 1°, do CPC, de modo que as partes podem solicitar ajustes ou esclarecimentos aos atos de cooperação praticados. Aliás, também é possível que as partes (ou outros sujeitos com "representatividade adequada") requeiram a prática de atos de cooperação (art. 8°, § 4°). O requerimento pode ser dirigido a qualquer dos juízos cuja cooperação se pretenda provocar, mas nada impede que seja encaminhado ao juiz de cooperação ou ao núcleo de cooperação do tribunal, já que a eles incumbe, entre outras coisas, fomentar a cooperação judiciária. No TJRJ, por exemplo, já tem ocorrido algumas vezes de chegar ao Núcleo de Cooperação Judiciária (Nucoop) requerimento de cooperação formulado por quem é parte em algum processo.[15]

Há, ainda, a previsão de que as partes deverão ser ouvidas acerca da cooperação quando a complexidade do ato o recomendar (art. 9° da Resolução 350). A rigor, não parece adequado considerar que é a complexidade da matéria que determina se as partes serão ou não ouvidas. Afinal, isso é uma exigência do princípio

---

15 No site do Nucoop (https://portaltj.tjrj.jus.br/web/nucleo-de-cooperacao/pagina--inicial) existe, inclusive, um formulário para solicitação de cooperação, que pode ser preenchido por qualquer órgão do Judiciário ou por alguma das partes.

constitucional do contraditório. Mais correto é considerar que sempre que a cooperação disser respeito a processos determinados e seu resultado puder, de alguma maneira, trazer algum tipo de efeito para a esfera jurídica de uma das partes, sua oitiva prévia será obrigatória.

Assim, por exemplo, não há necessidade de prévia oitiva das partes quando houver uma solicitação de cooperação para que se realize uma audiência por videoconferência para oitiva de uma testemunha, porque isso não pode trazer qualquer consequência para a esfera de interesses de qualquer das partes. Quando se pensa, porém, em um ato de cooperação através do qual se busque trazer uma inovação para o sistema processual, a esfera jurídica de alguma das partes pode ser afetada. Basta figurar, aqui, o exemplo trazido por Minami e Andrade, de se estabelecer um protocolo de cooperação entre juízes e servidores, transformando oficiais de justiça em agentes de execução, de modo a se promover uma nova forma de realização de atos executivos, em que estes não dependeriam de prévia determinação do juiz, cabendo a este tão somente o controle posterior desses atos.[16]

Pois em um caso desses, a atividade processual de natureza executiva seria realizada por agentes integrantes do Poder Judiciário, mas que não são juízes, o que levaria à possibilidade, por exemplo, de que – sem expressa previsão legal, mas apenas baseado em um protocolo institucional – agentes públicos pudessem entrar no imóvel de alguém e ali apreender bens sem prévia determinação judicial. Não se pode, em um caso desses, retirar da parte o direito de ser previamente ouvida e de tentar influir na formação da decisão acerca de ser ou não essa a forma mais eficiente, no caso concreto, de se realizar a execução. Daí a razão pela qual, a meu ver, o contraditório precisa ser previamente respeitado sempre que o ato de cooperação for produzir efeitos sobre a esfera jurídica de alguma das partes do processo, só sendo

---

16 MINAMI, Marcos Youji; ANDRADE, Juliana Melazzi. Cooperação prognóstica: cooperação judiciária nacional como instrumento de inovação nos termos da Res. CNJ 395/2021. *Revista de Processo*, v. 347, p. 8, 2024. É pelas razões expostas a seguir no texto que não me parece adequada a proposta principal de Minami e Andrade, no sentido de se promover, por "cooperação prognóstica", uma verdadeira desjudicialização da execução, com a atribuição do poder de praticar atos executivos a agentes estranhos ao Poder Judiciário. Sou um defensor da desjudicialização da execução, mas entendo que isso depende de modificação legislativa.

possível decidir pela cooperação depois que as partes tenham tido oportunidade de se manifestar.

Também se prevê, no art. 9º, parágrafo único, da Resolução nº 350, que os atos de cooperação podem ser impugnados "pelos meios previstos na legislação processual". A essa impugnação se dedicará todo um capítulo deste trabalho, razão pela qual não será aqui enfrentado o tema.

Na sequência, diz a resolução (art. 10) que os atos de cooperação podem ser praticados diretamente entre os juízos cooperantes, ou podem ser encaminhados através dos juízes de cooperação. É, porém, muito relevante que, em qualquer caso, o(s) núcleo(s) de cooperação do(s) tribunal(is) integrado(s) pelos juízos cooperantes seja(m) comunicado(s), para que possam ter um controle estatístico e qualitativo dos atos de cooperação, inclusive para sua divulgação como forma de incentivo à cultura da cooperação judiciária e da apresentação de boas práticas.

O art. 11 da Resolução nº 350 estabelece que os atos conjuntos e os atos concertados são adequados para a cooperação judiciária em torno de um ou alguns processos, ou para a prática de atos mais complexos referentes a esses mesmos processos. Trata-se, como facilmente se vê, de dispositivo desnecessário, tendo apenas valor pedagógico, já que a cooperação judiciária pode ser empregada para a prática de qualquer ato processual, e sempre será adequada a forma de cooperação que se revele mais eficiente para cada caso concreto.

O § 1º do mesmo art. 11 estabelece que os atos de cooperação devem ser assinados pelos juízos cooperantes e juntados aos autos dos processos em que se destinem a produzir efeitos previamente à prática dos atos processuais que lhes digam respeito. O termo de ajuste deve ser redigido de forma clara e concisa, com identificação precisa das competências dos juízos cooperantes e indicação das fontes de custeio (se necessário), na forma do disposto no § 2º do mesmo artigo.

Os atos de cooperação podem ser revistos e adaptados a qualquer tempo, preservadas a validade e eficácia dos atos praticados antes da revisão de seus termos. E devem ser informados ao juiz de cooperação para adequada publicidade, cabendo a este, por sua vez, informar o núcleo de cooperação judiciária. No caso de ato praticado por juízos vinculados a tribunais distintos, todos devem ser comunicados.

O Capítulo III da Resolução trata do juiz de cooperação, tema que será objeto de análise posterior. O mesmo pode ser dito acerca do conteúdo do Capítulo IV, que trata da cooperação interinstitucional e do Capítulo V, que regula o funcionamento dos núcleos de cooperação judiciária.

O Capítulo VI trata do Comitê Executivo da Rede Nacional de Cooperação Judiciária e das Disposições Gerais.

Ao Comitê Executivo, além de sua participação na Rede Nacional (do que já se tratou neste mesmo tópico), incumbe organizar as ações nacionais de cooperação judiciária, além de realizar pelo menos uma reunião anual de juízes e núcleos de cooperação, o que tem sido feito. Essas reuniões têm por objeto a troca de experiências, melhora dos mecanismos de cooperação nacional pelo uso de processos e instrumentos de inovação, além da divulgação das melhores práticas. Também incumbe ao Comitê Executivo resolver conflitos administrativos entre núcleos de cooperação de tribunais distintos, sem prejuízo da atuação das Corregedorias de Justiça e da Corregedoria Nacional de Justiça, ou do Departamento de Monitoramento e Fiscalização do Sistema Carcerário e Socioeducativo nas questões pertinentes à execução penal e de medidas socioeducativas.

Além disso, o Comitê Executivo também deve realizar anualmente um Encontro Nacional de Magistrados(as) de Cooperação Judiciária, com o objetivo de difundir a cultura da cooperação, compartilhar e fomentar boas práticas, discutir, conceber e formular proposições voltadas à consolidação e ao aperfeiçoamento da Rede Nacional (art. 22). Esse encontro, em atendimento ao parágrafo único do mesmo artigo, tem sido realizado concomitantemente com a reunião a que se refere o art. 21.

Como se pode ver dessa breve descrição, a Resolução nº 350 do CNJ é o grande marco normativo regulatório da cooperação judiciária nacional. E estabelece essa regulamentação não só respeitando o modelo constitucional de processo e a legislação processual, mas – principalmente – respeitando a ampla área em que a cooperação judiciária pode ser empregada como mecanismo de incremento da eficiência das atividades do Poder Judiciário.

Cap. 3 – Fontes normativas da cooperação judiciária nacional | 37

3.3. OS TERMOS DE COOPERAÇÃO JUDICIÁRIA ENTRE TRIBUNAIS

Não se pode tratar das fontes normativas da cooperação judiciária sem uma referência aos termos de cooperação celebrados entre tribunais. É que, a partir da edição da Resolução nº 350 do CNJ, tornou-se cada vez mais frequente a celebração de termos de cooperação entre tribunais, dos quais muitos estabelecem procedimentos de natureza jurisdicional e que, por isso, serão de observância obrigatória por juízes e servidores vinculados àqueles tribunais.

Um bom exemplo disso foi o termo de cooperação celebrado entre o Tribunal Regional Federal da 5ª Região e o Tribunal de Justiça de Pernambuco para a criação de Núcleos 4.0 em cada um dos tribunais, com compartilhamento de competências para processamento e julgamento de ações envolvendo vícios construtivos em imóveis financiados pelo Sistema Financeiro de Habitação, caso indicado como boa prática de cooperação pelo Fórum Permanente de Processualistas Civis (FPPC). Essa prática foi assim descrita pelo FPPC:

> O Supremo Tribunal Federal, no julgamento do RE nº 827.996/PR, em regime de repercussão geral (Tema 1.011), fixou a competência da Justiça Federal para o processamento e julgamento das causas em que se discute contrato de seguro vinculado à apólice pública, nas quais a Caixa Econômica Federal (CEF) atue em defesa do Fundo de Compensação de Variações Salariais (FCVS), devendo haver o deslocamento dos processos para o juízo federal a partir do momento em que a CEF ou a União, de forma espontânea ou provocada, indiquem o interesse em intervir na causa. Existem aproximadamente 7.000 processos na justiça estadual de Pernambuco que, em sua maioria, deverão ser redistribuídos para as varas federais. Esses processos possuem, normalmente, pluralidade de autores. A intimação da CEF para análise e posterior manifestação do interesse em todos os processos não contribuiria para, em tempo razoável, haver o julgamento do mérito incluindo a atividade satisfativa (CPC, arts. 4º e 6º), muito menos para uma prestação eficiente da jurisdição. O TJPE e o TRF5 firmaram Termo de Cooperação para criação de Núcleos 4.0 (um federal e outro estadual), para onde os processos deverão ser encaminhados. Haverá a habilitação dos juízes em ambas as unidades para a prática dos seguintes atos: i) separação dos processos por empreendimentos

imobiliários (conjuntos habitacionais); ii) realização de perícias por empreendimentos, independente se neles há processos de competência federal ou estadual; iii) homologação conjunta de acordos; iv) julgamento conjunto dos processos. Outros pontos importantes são a utilização da mesma versão do PJe, e a celebração de negócio jurídico processual entre as partes concordando com a tramitação dos processos nos Núcleos 4.0. Dispositivos normativos concretizados. arts. 67-69, §2º, VI, CPC; arts. 5º, I, e 6º, IV, X, XX, §1º da Resolução nº 350 do CNJ e as Resoluções nº 385 e 398 do CNJ. Órgãos envolvidos. Núcleos de Cooperação Judiciária do TJPE e do TRF da 5ª Região, Rede de Inteligência do TRF da 5ª Região, Centro de Inteligência do TJPE. Responsáveis pela prática. Sílvio Neves Baptista Filho, Joana Carolina Lins Pereira e Marco Bruno Miranda Clementino.

Perceba-se que os processos alcançados por esse termo de cooperação foram submetidos ao regime processual ali estabelecido, por decisão dos tribunais, cabendo aos magistrados e servidores em atuação nos órgãos jurisdicionais a que os processos foram atribuídos observar o quanto determinado no ato de cooperação judiciária. E o caso é extremamente interessante, até por prever a possibilidade de julgamento conjunto, a ser realizado por um magistrado estadual e um magistrado federal, cabendo a ambos elaborar e subscrever sentença única.

Outros exemplos de termos de cooperação celebrados entre tribunais podem ser aqui mencionados. O Tribunal de Justiça do Estado do Rio de Janeiro e o Tribunal Regional do Trabalho da Primeira Região, por exemplo, celebraram termo de cooperação (denominado "Ato Concertado de Cooperação Jurisdicional"), em janeiro de 2023, estabelecendo o seguinte: (a) para todos os processos de recuperação judicial, (i) os juízos com competência empresarial do TJRJ, sempre que deferirem pedido de recuperação judicial, expedirão ofício eletrônico por e-mail à Caex/TRT1 solicitando o fornecimento de lista completa de processos de conhecimento, liquidação e execução que tramitam contra a recuperanda e informando à Caex a data de distribuição da ação, o número do processo, a data em que foi deferido o processamento da recuperação judicial, a qualificação do administrador judicial e seus meios de contato; (ii) a Caex remeterá as listas ao juízo da recuperação e ao Administrador Judicial por e-mail; (iii) O Núcleo de Cooperação Judiciária do TRT1 prestará auxílio à Caex no contato com outros juízos; (b) para os processos de recuperação judicial em que haja elevado número de processos trabalhistas: (i) a Caex, após emissão das listas de processos trabalhistas de credores da recuperanda, poderá instaurar procedimento para reunião de execuções forçadas (Regime Especial de Execução Forçada – REEF), na forma da regulamentação do TRT1; (ii) a Caex enviará aos juízos trabalhistas as referidas listas, solicitando que sejam informados os valores de reserva de crédito para processos em fase de conhecimento e de liquidação, bem como valores para inscrição no Quadro Geral de Credores de processos em fase de execução, com indicação do valor a pagar na data do pedido de recuperação judicial, na forma do art. 49 da Lei nº 11.101/2005; (iii) o juízo da recuperação determinará ao administrador judicial designado que se apresente à Caex, para acompanhamento do processamento do ofício, auxiliando os juízos trabalhistas no que couber, devendo se cadastrar junto ao TRT1 para acesso ao PJe-JT; (iv) a Caex recomendará também aos juízos trabalhistas que coloquem eventuais valores penhorados à disposição da própria CAEX, não mais efetuando pagamentos, sob risco de violar a ordem legal de pagamentos na recuperação judicial (art. 6º, III, da Lei nº 11.101/2005), ou, alternativamente, não sendo este seu entendimento, que informe o valor penhorado; (v) a Caex, recebendo e consolidando as listas, responderá à serventia do TJRJ encaminhando a informação sobre o total penhorado na Justiça do Trabalho, com cópia ao administrador judicial; (vi) recebendo as listas da Justiça do Trabalho, a Vara Empresarial do TJRJ em que tramita a recuperação judicial orientará o administrador judicial a proceder à inclusão de todos os créditos e reservas trabalhistas no Quadro Geral de Credores, prevalecendo a informação sobre aquela fornecida pela própria recuperanda, esclarecendo aos interessados que a inscrição é feita estritamente com base nas informações prestadas pela Justiça do Trabalho e a quem deverão ser dirigidos eventuais questionamentos, na forma do art. 6º, § 2º, da Lei de Recuperações e Falências; (vii) a Caex enviará a primeira resposta à Vara Empresarial em 40 dias úteis, podendo atualizar ambas as listas por ofício até a aprovação do Plano de Recuperação Judicial em assembleia, sendo certo que as atualizações ulteriores observarão, na forma da lei, a condição de retardatárias, encontrando o processo no estado em que estiver; (viii) os valores utilizados para pagamento dos créditos trabalhistas poderão não se limitar aos valores penhorados pela Justiça do Trabalho e disponibilizados à Vara Empresarial, na forma dos arts. 6º, III, e 22, III, s, bem como do art. 54, § 2º, I, II e III, todos da Lei nº 11.101/2005; (ix) o juízo recuperacional informará à Caex quando for aprovado o Plano de Recuperação Judicial, comunicando seu teor; (x) os débitos trabalhistas líquidos e exigíveis, relativos a fatos posteriores ao início do cumprimento do Plano de Recuperação Judicial homologado (e, portanto, não previstos no plano nem a ele sujeitos) serão informados em lista separada ao juízo da recuperação, que intimará a recuperanda a efetuar o pagamento na forma avençada no Plano de Recuperação Judicial homologado, antes de decidir sobre a constrição de bens; (xi) preferencialmente, quando instalado o Comitê de Credores junto à Vara Empresarial, funcionará o mesmo representante de credores trabalhistas indicado pela classe de credores, com dois suplentes, que seja atuante na Comissão de Credores junto à Caex.

Como se percebe, trata-se aí de um complexo termo de cooperação celebrado entre os dois tribunais, mas que regula todo o procedimento a ser observado para a salvaguarda e realização dos direitos dos credores trabalhistas no caso de a empregadora ser empresa em recuperação judicial.[17]

Evidentemente seria possível apresentar aqui outros exemplos, mas o importante é ter claro que tribunais podem celebrar termos de cooperação para institucionalizar procedimentos, não só no âmbito administrativo, mas também de natureza jurisdicional, a fim de tornar suas atividades cada vez mais eficientes. E é absolutamente fundamental que a Advocacia fique atenta a esses termos de cooperação, já que eles vão definir o modo como certas atividades processuais serão realizadas, de modo que o advogado ou advogada deverá estar preparado para atuar nesses procedimentos, conhecendo suas bases normativas.

---

17 Vale registrar que a celebração desse termo foi precedida de um ato conjunto celebrado entre um juízo da comarca de Nova Iguaçu e a Caex/TRT1, basicamente com os mesmos termos, a fim de que se tivesse uma "cooperação-piloto". Tendo tudo funcionado muito bem, com os resultados sendo alcançados de forma extremamente eficiente, celebrou-se o termo de cooperação entre os dois tribunais, de forma a expandir a cooperação para todos os casos de recuperação judicial em que houvesse créditos trabalhistas.

4

A COOPERAÇÃO INTERINSTITUCIONAL

4.1. CONCEITO

Chama-se cooperação interinstitucional, segundo Fernanda Bezerra, "aquela que acontece entre instituições diferentes, que componham ou não o sistema de Justiça, mas que possam contribuir de alguma forma para a execução da estratégia nacional do Poder Judiciário, de aprimorar a administração da Justiça, bem como a celeridade e a efetividade jurisdicional".[1]

Definição semelhante é a de Antônio Gomes de Vasconcelos, que a chama de *cooperação judiciária por extensão*, definindo-a como a que se dá "por intermédio do intercâmbio entre o Poder Judiciário, mais especificamente os Tribunais ou outras instâncias internas de representação administrativa de órgãos jurisdicionais de instâncias inferiores e outras instituições, integrantes do sistema de justiça ou não, em torno de programas, projetos ou iniciativas

---

1 BEZERRA, Fernanda Tereza Melo. A cooperação judiciária e sua aplicabilidade no Tribunal de Justiçado Estado do Rio de Janeiro. *Revista de Direito do Poder Judiciário do Estado do Rio de Janeiro*, v. 1, n. 1, p. 277, jul./dez. 2023.

de interesse comum relacionados à administração da justiça".[2] Essa definição, porém, tem uma deficiência: ela limita a cooperação interinstitucional a tribunais e órgãos jurisdicionais de instância inferior, o que deixaria de fora o CNJ (que não é nem tribunal, nem órgão jurisdicional de qualquer instância). Ocorre que o CNJ é, certamente, o órgão dotado de legitimidade para celebrar atos de cooperação interinstitucional capazes de alcançar todo o Poder Judiciário brasileiro, sendo, portanto, agente extremamente relevante para o sucesso da cooperação interinstitucional.

Por isso é melhor definir a cooperação interinstitucional como *aquela celebrada pelo Poder Judiciário, através de qualquer de seus órgãos, e outras instituições, integrantes ou não do "sistema de Justiça",[3] destinada a aumentar a eficiência das atividades do Poder Judiciário.*

Em outras palavras, a cooperação interinstitucional é uma cooperação que se dá entre o Poder Judiciário e outras instituições, sempre com o fim de incrementar as atividades do Judiciário, sejam de natureza jurisdicional ou administrativa. Trata-se, a rigor, de fenômeno que, assim como a cooperação judiciária em sentido estrito, já se desenvolvia há muito tempo, mas só passou a ter tratamento normativo sistemático a partir da Resolução nº 350 do CNJ.[4]

Prova de que a cooperação interinstitucional é fenômeno antigo é a lembrança de que foi através de um ato dessa natureza que se instituiu, no Brasil, o BacenJud, posteriormente substituído pelo Sisbajud, e que foi criado em 2001. Naquela altura, porém, a cooperação interinstitucional se dava de modo "instintivo", sem qualquer base normativa ou teórica que a explicasse adequadamente. Essa base só veio, como dito, a partir da Resolução nº 350 do CNJ, que tratou do tema nos arts. 15 e 16.

A cooperação interinstitucional não é, em sentido estrito, cooperação judiciária. Afinal, não se trata da cooperação entre

---

2   VASCONCELOS, Antônio Gomes de. As múltiplas dimensões da cooperação judiciária na administração da justiça brasileira. *In*: DIDIER JR., Fredie; CABRAL, Antonio do Passo (coord.). *Cooperação judiciária nacional*. Salvador: JusPodivm, 2021, p. 174.

3   Assim entendido o sistema formado pelo Poder Judiciário e outras instituições essenciais à atividade jurisdicional, como a Advocacia (pública ou privada), o Ministério Público e a Defensoria Pública.

4   Fica aqui o registro de que a cooperação interinstitucional não tem previsão no CPC, mas a ela se dedica todo um capítulo da Resolução nº 350 do CNJ.

órgãos do Poder Judiciário a que se referem os arts. 67 a 69 do CPC. Mas é tão importante quanto ela para o aumento da eficiência das atividades do Poder Judiciário, atendendo assim ao princípio da eficiência, norma fundamental do processo civil (CPC, art. 8º) e da função administrativa (Constituição da República, art. 37).

Prevê o art. 16 da Resolução nº 350 do CNJ, em enumeração exemplificativa, que a cooperação interinstitucional pode ser realizada entre o Poder Judiciário e instituições como Ministério Público, Defensoria Pública, Ordem dos advogados do Brasil, Advocacias Públicas, Administração Pública ou árbitros e tribunais arbitrais. Outras instituições, porém, como instituições de ensino superior (públicas ou privadas) podem ser chamadas a cooperar com o Poder Judiciário no incremento da eficiência de suas atividades. Basta pensar na celebração de um convênio entre um tribunal e uma universidade para uso de seus laboratórios na realização de perícias genéticas ou outras que exijam grande aparato científico e tecnológico.

4.2. CASOS PRÁTICOS E POSSIBILIDADES DE COOPERAÇÃO INTERINSTITUCIONAL

O art. 15 da Resolução nº 350 do CNJ apresenta uma enumeração exemplificativa de temas que podem ser objeto da cooperação interinstitucional. Ali se diz que, "entre outras providências", esse tipo de cooperação pode abranger a harmonização de procedimentos e rotinas administrativas, gestão judiciária, elaboração e adoção de estratégias para o tratamento adequado de processos coletivos ou repetitivos, inclusive para sua prevenção, e mutirões para análise do enquadramento de processos ou de recursos nas hipóteses em que há precedentes obrigatórios.

Alguns exemplos podem ser aqui imaginados (e, espera-se, possam inspirar termos de cooperação interinstitucional que venham a ser celebrados).

A cooperação interinstitucional para harmonização de procedimentos e rotinas administrativas tem um excelente exemplo no Termo de Cooperação Interinstitucional celebrado, em outubro de 2023, entre TJRJ, OAB-RJ, MPRJ, PGE-RJ, PGM-RJ e as Secretarias de Estado de Polícia Civil e de Polícia Militar, com o objetivo de estabelecer que, em todos os procedimentos administrativos que se instaurem perante essas instituições e que possam vir a ser objeto de judicialização será obrigatória a identificação de todas as pessoas que deles participem, com a indicação de todos os meios pelos quais se possa fazer contato com essas pessoas, inclusive número de telefone celular, e-mail e indicação de aplicativos de mensagens por elas utilizados. Assim, caso venha a ser judicializado o procedimento, ficará muito mais fácil para o Poder Judiciário localizar essas pessoas, facilitando-se assim os procedimentos para citação ou intimação.[5] Esse termo de cooperação interinstitucional deu cumprimento à Recomendação nº 104/2021 do CNJ, que "recomenda aos tribunais que celebrem acordos de cooperação com os Ministérios Públicos, Defensorias Públicas, Procuradorias, Seccionais da OAB e Polícias que se situem na área territorial de suas competências para maximizar a eficiência das comunicações de atos processuais".

Posteriormente, o Tribunal Regional Federal da Segunda Região, o Tribunal Regional do Trabalho da Primeira Região e o Tribunal Regional Eleitoral do Rio de Janeiro, através do Fojurj, aderiram a esse termo de cooperação interinstitucional, de modo que atualmente ele permite um incremento da eficiência das comunicações processuais em todos os tribunais sediados no Estado do Rio de Janeiro através da harmonização de rotinas e procedimentos administrativos.

De outro lado, termos de cooperação para melhorar a gestão judiciária podem ser celebrados com universidades ou outras instituições de ensino superior, permitindo que especialistas em gestão pública contribuam para o diagnóstico dos pontos falhos da gestão dos órgãos do Poder Judiciário e aprimoramento de suas práticas. Isso é extremamente importante, ainda mais em um país como o Brasil, em que a administração do Poder Judiciário

---

5   O Termo de Cooperação foi assinado pelo Presidente do TJRJ, Des. Ricardo Rodrigues Cardozo, por mim (na qualidade de Presidente do Núcleo de Cooperação do TJRJ), pelo Presidente da OAB-RJ, Luciano Bandeira, pelo Procurador-Geral de Justiça do MPRJ, Luciano Mattos, pelo Subprocurador-Geral do Estado do Rio de Janeiro, Flavio Willeman, pela Subprocuradora-Geral do Município do Rio de Janeiro, Ana Paula Buonomo, pelo Secretário de Estado de Polícia Civil do Rio de Janeiro, José Renato Torres, e pelo Secretário de Estado de Polícia Militar do Rio de Janeiro, Coronel PM Carlos Eduardo Sarmento. A Defensoria Pública do Estado do Rio de Janeiro, convidada a participar do termo de cooperação, não o aceitou.

é feita por magistrados, pessoas com formação em Direito, e não em Administração Pública.[6]

Também se prevê na Resolução nº 350 do CNJ a cooperação interinstitucional para a elaboração e adoção de estratégias para o tratamento adequado de processos coletivos e/ou repetitivos, inclusive para a sua prevenção. Aqui é possível, por exemplo, cogitar termos de cooperação entre o Poder Judiciário e agências reguladoras, a fim de dar aplicação ao que consta de dispositivos como o art. 985, § 2º, ou o art. 1.040, IV, ambos do CPC, que preveem que o Tribunal responsável pelo julgamento de casos repetitivos que versem sobre questão relativa à prestação de serviços objeto de concessão, permissão ou autorização deve comunicar o ente responsável pela regulação para fiscalização da efetiva aplicação, por parte dos entes sujeitos à regulação, da tese adotada. Isso poderia evitar, por exemplo, que a repetição de processos continuasse mesmo depois da definição de um entendimento fixado em padrão decisório dotado de eficácia vinculante.[7] Pense-se, por exemplo, nos casos envolvendo a matéria definida através do Tema Repetitivo 1.069 do STJ ("(i) é de cobertura obrigatória pelos planos de saúde a cirurgia plástica de caráter reparador ou funcional indicada pelo médico assistente, em paciente pós-cirurgia bariátrica, visto ser parte decorrente do tratamento da obesidade mórbida, e, (ii) havendo dúvidas justificadas e razoáveis quanto ao caráter eminentemente estético da cirurgia plástica indicada ao paciente pós-cirurgia bariátrica, a operadora de plano de saúde pode se utilizar do procedimento da junta médica, formada para dirimir a divergência técnico assistencial, desde que arque com os honorários dos respectivos profissionais e sem prejuízo do exercício do direito de ação pelo beneficiário, em caso de parecer desfavorável à indicação clínica do médico assistente, ao qual não se vincula o julgador").[8] Pois é fato que, mesmo depois da edição desse acórdão dotado de eficácia vinculante, continuam a chegar ao Poder Judiciário casos em que, sem submeter o paciente à junta

---

6   Registre-se que hoje existem, no Brasil, cursos de graduação em Administração Pública, o que permite que o exemplo figurado no texto se torne realidade.

7   Sobre o sistema brasileiro de padronização decisória, seja permitido remeter a CÂMARA, Alexandre Freitas. *Levando os padrões decisórios a sério*. São Paulo: Atlas, 2018.

8   STJ, 2ª Seção, REsp 1.870.834/SP e REsp 1.872.321/SP, rel. Min. Ricardo Villas Bôas Cueva, j. 13.09.2023, *DJe* 19.09.2023.

médica, a operadora do plano de saúde simplesmente nega autorização para cobertura da cirurgia plástica a ser realizada depois de cirurgia bariátrica, ao argumento de que não haveria cobertura para procedimentos meramente estéticos. Ora, a celebração de Termo de Cooperação com a ANS (Agência Nacional de Saúde Suplementar) poderia estabelecer mecanismos para que a agência reguladora promovesse a fiscalização da correta aplicação da tese pelas operadoras de planos de saúde, inclusive com a previsão de aplicação de sanções administrativas para as que não a aplicassem, de modo a inibir a judicialização de novos casos.

Quando se pensa nos exemplos aqui figurados, além de muitos outros, como os que deram origem a sistemas como o Sisbajud ou o Renajud, pode-se ver que a cooperação interinstitucional, assim como a cooperação judiciária em sentido estrito, tem muito a contribuir para a construção de um Poder Judiciário verdadeiramente eficiente para o Brasil.

Aliás, um campo muito interessante para a cooperação interinstitucional, e que ainda não tem sido explorado adequadamente, é o da cooperação entre tribunais estatais e tribunais arbitrais. É perfeitamente possível, por exemplo, criar, através da cooperação interinstitucional, mecanismos que simplifiquem a prática dos atos que normalmente seriam realizados através da expedição de cartas arbitrais, como a intimação de testemunhas ou a efetivação de tutelas provisórias deferidas pelos árbitros.

5

A COOPERAÇÃO POR CONCERTAÇÃO

5.1. A COOPERAÇÃO POR CONCERTAÇÃO COMO HIPÓTESE MAIS RELEVANTE DE COOPERAÇÃO JUDICIÁRIA

A cooperação por concertação já foi objeto de análise em passagem anterior deste trabalho. Ali se afirmou que nesse tipo de cooperação *dois ou mais juízos, de comum acordo, celebram um convênio para a prática de atos processuais ou a construção de procedimentos.*

Gabriela Macedo Ferreira, que se dedicou a esboçar uma teoria dos atos concertados, afirma que o ato concertado "pretende disciplinar uma relação permanente ou duradoura entre [os juízos cooperantes] para a prática de uma série de atos indeterminados ou para a prática de atos de cooperação de teor mais complexo".[1]

A compreensão do que é um ato concertado e de qual sua finalidade passa, necessariamente, pela leitura do art. 69, § 2º, do CPC, uma vez que ali se afirma, expressamente, que na

---

1 FERREIRA, Gabriela Macedo. *Ato concertado entre juízes cooperantes.* Salvador: Jus-Podivm, 2023, p. 222.

cooperação por concertação o que se busca é o "estabelecimento de procedimentos".

Assim, o ato concertado entre juízos cooperantes é, a rigor, uma fonte normativa do direito processual, já que terá caráter geral, abstrato e será de observância obrigatória nos processos que tramitem perante os juízos cooperantes.[2]

Pense-se no exemplo, já citado, do ato concertado celebrado entre os Juízos de Direito da 1ª e da 2ª Varas de Família Regionais da Barra da Tijuca, na Comarca do Rio de Janeiro. Ali ficou estabelecido que, nos casos de competência desses dois juízos, sempre seriam reunidos no mesmo juízo os processos relacionados à mesma entidade familiar. Assim, caso viesse a ser distribuída para um desses juízos, por exemplo, um processo cujo objeto fosse o reconhecimento e dissolução de uma união estável, automaticamente esse mesmo juízo teria sua competência já firmada para outros processos daquela mesma entidade familiar, como os de partilha de bens, alimentos, regulamentação de guarda e de convivência com filhos, entre outros.

Tem-se aí, pois, a fixação de uma regra de competência estabelecida de forma geral e abstrata, e que passa a ser de observância obrigatória nos processos em trâmite naqueles dois juízos.[3]

Pois isso faz da cooperação por concertação a mais importante das modalidades de cooperação judiciária nacional. É que os juízos, através dos atos concertados que celebrem, poderão estabelecer procedimentos capazes de incrementar a eficiência de suas atividades não em um ou alguns processos determinados, mas em toda a massa de processos que perante eles tramitem.

Basta pegar qualquer uma das hipóteses expressamente previstas na lei processual para que se possa compreender o que aqui se sustenta. Veja-se a hipótese de ato concertado para estabelecer procedimento para a centralização de processos repetitivos.[4] Pois

---

2   Também vê no ato concertado uma fonte do direito processual: FERREIRA, Gabriela Macedo. *Ato concertado entre juízes cooperantes*. Salvador: JusPodivm, 2023, p. 222-223.

3   Esse ato concertado promoveu, ao mesmo tempo, cooperação jurisdicional (para fixação de uma regra de competência) e administrativa (já que estabeleceu que haveria compensação na distribuição, evitando que um juízo ficasse com um acervo de processos maior que o do outro). Foi, então, um caso de cooperação por concertação de natureza híbrida (jurisdicional e administrativa).

4   Escrevi sobre esse tema específico um artigo em coautoria com Ricardo Menezes da Silva. Confira-se, pois, CÂMARA, Alexandre Freitas; SILVA, Ricardo Menezes da. Notas

através de um ato concertado dessa natureza é possível não só se estabelecer regras de competência, tornando um determinado juízo prevento para receber todas as demandas repetitivas acerca de determinada matéria, mas também se cria um importante mecanismo de gestão processual, já que se consegue promover uma gestão adequada de uma imensa quantidade de processos e, além disso, se consegue unificar a produção de provas e evitar decisões conflitantes ou contraditórias em processos repetitivos. Inegável o aumento da eficiência tanto da atividade administrativa como da jurisdicional que ao Poder Judiciário cabe exercer.

5.2. OS ATOS CONCERTADOS ENTRE JUÍZOS COOPERANTES TIPIFICADOS NA RESOLUÇÃO Nº 350 DO CNJ

O art. 6º da Resolução nº 350 do CNJ tipifica uma série de atos concertados. É evidentemente exemplificativa a enumeração, dada a possibilidade – já examinada neste trabalho – da realização de atos de cooperação atípicos, inclusive quando se trata de cooperação por concertação. Conhecer aqueles atos concertados previstos na Resolução nº 350, porém, é útil não só do ponto de vista dogmático, mas também por poderem aqueles atos servirem como inspiração para boas práticas de cooperação entre juízos brasileiros. Essa a razão pela qual serão examinados aqui todos os incisos do aludido art. 6º.

I – Prática de quaisquer atos de comunicação processual, podendo versar sobre a comunicação conjunta a pessoa cuja participação seja necessária em diversos processos

É possível, por meio de ato concertado, estabelecer-se um procedimento para comunicação de atos processuais, especialmente (mas não de forma exclusiva) nos casos em que essas comunicações são dirigidas a uma só pessoa, natural ou jurídica, que participe de diversos processos. Pense-se, por exemplo, em uma comarca que tenha quatro juízos cíveis, todos eles competentes para julgar causas envolvendo relações de consumo. Imagine-se,

---

sobre a centralização de processos repetitivos no contexto da cooperação judiciária nacional. *In*: DIDIER JR., Fredie; CABRAL, Antonio do Passo (coord.). *Cooperação judiciária nacional*. Salvador: JusPodivm, 2021, p. 537 e s.

agora, que haja, na comarca, um grande número de demandas ajuizadas contra quatro empresas, que são os "grandes litigantes" da comarca. É razoável imaginar que haverá demandas contra essas empresas em todos os quatro juízos cíveis. Pois é possível conceber um procedimento, construído por concertação, que faça com que cada um daqueles juízos fique responsável por todas as citações e intimações pessoais a serem dirigidas a cada uma daquelas empresas, o que poderia, por exemplo, dar mais eficiência à atuação dos oficiais de justiça.

Outras hipóteses, porém, podem ser aqui figuradas, ainda que não envolvam comunicações dirigidas a uma só pessoa. Imagine-se aquela mesma comarca com quatro juízos cíveis, em que se estabelece, por concertação, que o território da comarca seja dividido em quatro áreas, cabendo ao oficial de justiça vinculado a cada juízo realizar todas as citações e intimações em cada uma dessas áreas, independentemente do juízo que tenha determinado a comunicação processual.

Também se pode conceber a prática de ato concertado destinado a dispensar, de forma expressa, a expedição de cartas precatórias ou de ordem para a realização de atos de comunicação processual (citações e intimações) em lugar distinto daquele em que tramita o processo. Embora a subsidiariedade das cartas já resulte do sistema brasileiro de cooperação judiciária, a existência de um ato normativo do tribunal, ou de mais de um tribunal (como no caso de ato praticado no âmbito de uma rede estadual de cooperação como o Fojurj, tantas vezes citado neste livro), certamente daria mais segurança aos juízes que optem pela forma menos burocrática de prática desses atos.[5]

II – Na prestação e troca de informações relevantes para a solução dos processos

O CPC inclui, entre os atos de cooperação judiciária nacional que tipifica, o pedido de informações. Ali se tem um ato a ser praticado por auxílio direto, distinto da cooperação de que se cogita aqui no art. 6º, II, da Resolução nº 350.

---

5   Sobre o tema, com muito mais profundidade, BEZERRA, Fernanda Tereza Melo. *Cooperação judiciária nacional: auxílio direto e a subsidiariedade da carta precatória para os atos de citação e intimação. Revista de Processo*, v. 49, n. 349, mar. 2024.

A hipótese aqui é de cooperação por concertação e, portanto, consiste na construção, pelos juízos cooperantes, de um procedimento a ser observado para troca de informações que sejam relevantes para a solução de determinados tipos de processo. Um exemplo pode ser construído (a partir de um caso concreto verificado na comarca do Rio de Janeiro). Imagine-se uma comarca em que haja algumas Varas de Família e, além delas, uma Vara Especializada em Crimes contra Crianças e Adolescentes (Veca). Esse juízo especializado tem competência para, entre outras questões, conhecer dos pedidos de medida protetiva de urgência em favor de crianças e adolescentes vítimas de violência doméstica e familiar, na forma da Lei nº 13.431/2017 e da Lei nº 14.344/2022. Ocorre que entre essas medidas protetivas estão algumas que podem gerar decisões conflitantes com processos que tramitam nos juízos especializados nas causas de direito das famílias.

Pense-se, por exemplo, na medida protetiva de urgência prevista no art. 20, III, da Lei nº 14.344/2022 (proibição de aproximação da vítima), ou inciso IV, da mesma lei (vedação de contato com a vítima). Ora, pode haver decisão em processo de família já em curso determinando, por exemplo, que o pai agora tido como agressor conviva com seu filho ou filha (agora visto como vítima da violência) em finais de semana alternados, ou que tenha contato diários com a criança por meio de conversas por vídeo. Em um caso assim, facilmente se percebe que a pessoa que cumprir uma das decisões estará, automaticamente, descumprindo a outra.

Para evitar isso, é preciso criar um fluxo de comunicação entre o juízo especializado na violência contra crianças e adolescentes e os juízos de família, que permita o acesso a informações como a prévia existência de processos que versem sobre aquela entidade familiar e a preexistência de decisões judiciais que possam vir a ser afetadas por outra decisão que venha a ser proferida.

III – Na redação de manuais de atuação, rotinas administrativas, diretrizes gerais para a conduta dos sujeitos do processo e dos servidores públicos responsáveis por atuar em mecanismos de gestão coordenada

Exemplo de cooperação administrativa por concertação, aqui se trata de redação de manuais que orientem os sujeitos do processo e servidores públicos responsáveis por atuar em mecanismos de gestão coordenada.

Pense-se, por exemplo, em um ato concertado entre juízos cooperantes que disciplina a prática dos atos necessários à conservação de documentos impressos ou de outros bens que, por qualquer razão, precisem ficar acautelados em juízo. Pois é perfeitamente possível, por exemplo, imaginar-se uma comarca em que, em apenas uma das secretarias de órgão jurisdicional, exista um cofre. Em um caso como esse, é possível que, por concertação, determine-se que o acautelamento sempre se fará naquela secretaria, sendo importante que todos os sujeitos dos processos e todos os servidores públicos que atuam em auxílio aos juízes saibam como proceder para realizar o acautelamento daqueles bens.

IV – Na reunião ou apensamento de processos, inclusive a reunião de execuções contra um mesmo devedor em um único juízo

Aqui se pode cogitar de um ato concertado para dar mais eficiência à determinação de qual seria o juízo prevento para a reunião de processos que precisem ser desenvolvidos e julgados em conjunto. Mas o exemplo mais importante de cooperação por concertação aqui é a reunião de execuções contra um mesmo devedor em um único juízo.

Essa é hipótese que encontra previsão no art. 28 da Lei de Execuções Fiscais, por exemplo, e só pode ser admitida quando ficar demonstrado que essa reunião tornará mais eficiente a atividade executiva.[6] Mas não há necessidade de previsão legal para que ocorra essa reunião, que pode resultar de cooperação por concertação. Na Justiça do Trabalho, por exemplo, já há muito tempo se tem o Regime Especial de Execução Forçada, em que ocorre a reunião de várias execuções contra o mesmo devedor, de forma a otimizar as diligências executivas, as quais são realizadas em um processo-piloto. Figura análoga a essa é o Regime Centralizado de Execuções, previsto na Lei nº 14.193/2021 para os casos em que o executado é clube de futebol ou sociedade anônima de futebol.

---

6   Sobre o tema, consulte-se CÂMARA, Alexandre Freitas; RODRIGUES, Marco Antonio. A reunião de execuções fiscais e o NCPC: por uma filtragem à luz das normas fundamentais. *Revista de Processo*, v. 42, n. 263, p. 107-120, jan. 2017.

Pois é perfeitamente possível que, por concertação, se criem sistemas análogos a esses para execuções que tramitam perante órgãos da Justiça Comum, Estadual ou Federal. E aqui se precisa compreender a necessidade de repensar o dogma da competência funcional (e, portanto, absoluta) para o cumprimento de sentença.

É sabido que o cumprimento de sentença, nos casos em que o título executivo tenha sido formado em processo civil que tramita perante órgão cível do Poder Judiciário (excluem-se, portanto, títulos como a sentença arbitral ou a sentença penal condenatória), desenvolve-se, em regra, perante o juízo em que se desenvolveu originariamente a fase de conhecimento. É o que se lê no art. 516, I e II, do CPC. Desde a entrada em vigor da Lei nº 11.232/2005 (conhecida como Lei do Cumprimento de Sentença), que alterou o CPC/1973, essa competência, que sempre foi tida por funcional e, portanto, absoluta, passou a poder ser modificada, de modo que o cumprimento de sentença pudesse se desenvolver, no interesse do exequente, perante juízo distinto. Essa possibilidade foi ampliada com o CPC vigente, já que o parágrafo único do art. 516 permitiu que, a requerimento do exequente, o cumprimento de sentença fosse deslocado, do juízo perante o qual tramitou a fase de conhecimento do processo, para o do domicílio do executado ou para o lugar onde se encontram os bens sujeitos à execução e, no caso das obrigações de fazer ou de não fazer, para o foro onde a obrigação deve ser cumprida. Sobre o tema, já me manifestei em outra sede:

> Nos casos em que o processo de conhecimento (*rectius*, fase cognitiva do processo sincrético) tiver tramitado originariamente perante juízo de primeira instância, será do mesmo órgão jurisdicional a competência funcional para a execução (art. 516, II). Poderá, porém, o exequente promover uma cisão de competência funcional, optando por promover a execução no foro do atual domicílio do executado, no foro onde se encontrem bens sujeitos à execução, ou no foro onde deva ser cumprida a obrigação de fazer ou não fazer. Para manifestar essa opção, deverá o exequente requerer ao juízo original do processo a remessa dos autos ao foro onde a execução tramitará (art. 516, parágrafo único), o que pode dispensar a expedição de cartas precatórias (ou o emprego de

algum outro mecanismo de cooperação judiciária) para a realização da execução nesse caso.[7]

Já se abriu aí, então, uma brecha para a modificação da competência funcional, absoluta, o que pode ser considerado o início do rompimento de um antigo dogma do direito processual civil, o da imodificabilidade da competência absoluta. A esse ponto se voltará com maior profundidade no tópico seguinte deste estudo, destinado exatamente a tratar da necessidade de se repensar esse dogma. Por ora, basta dizer que é possível, por ato de cooperação, modificar-se a competência para execuções movidas contra o mesmo devedor, reunindo-as perante um só juízo.

V – Na definição do juízo competente para a decisão sobre questão comum ou questões semelhantes ou de algum modo relacionadas, respeitadas as regras constantes nos arts. 62 e 63 do CPC

Esse dispositivo prevê a possibilidade de, por ato concertado entre juízos cooperantes, promover-se a reunião de processos em um só juízo para que haja decisão sobre uma questão comum, ou sobre questões semelhantes ou relacionadas. É interessante notar, porém, que o dispositivo da resolução que ora se analisa determina que sejam observadas as disposições contidas nos arts. 62 e 63 do CPC, os quais vedam a convenção das partes para modificar competências absolutas, e a permite para modificar competências relativas. Fica a impressão, então, de que esse ato concertado a que se refere o art. 6º, V, da Resolução nº 350 do CNJ só poderia ser praticado quando envolvesse a modificação de competências relativas. Assim não é, porém. É que os arts. 62 e 63 estabelecem limites para a modificação convencional da competência, impondo limites à celebração, pelas partes, de negócios processuais. Não é disso que se trata aqui, todavia. Aqui não haverá um negócio jurídico processual, celebrado pelas partes, para modificar competência. Haverá, isso sim, um ato concertado (que, como já visto anteriormente, não tem natureza de negócio jurídico processual) destinado a determinar um procedimento pelo

---

7   CÂMARA, Alexandre Freitas. *Manual de direito processual civil*. 3. ed. Barueri: Atlas, 2024, p. 705.

CAP. 5 - A COOPERAÇÃO POR CONCERTAÇÃO | 55

qual se fixará a competência para que sejam resolvidas questões comuns ou análogas a diversos processos.

Nesse caso, na verdade, serão praticados dois diferentes atos de cooperação. O primeiro, um ato concertado, estabelecerá um procedimento destinado a definir em que casos haverá a reunião de processos para definição, por um só juízo, de questões comuns ou análogas. Em seguida, um ato de cooperação por delegação, em que o juízo de um processo delegará para outro a competência para, nos termos do ato concertado anteriormente praticado, resolver essas questões.

Pense-se, por exemplo, no caso de haver múltiplos processos cujo objeto é a reparação de danos morais resultantes de um desastre ambiental (em casos como o do rompimento de barragens, por exemplo). É evidente que os danos morais que cada demandante pretende ver reconhecido são muito diferentes de um caso para o outro. Haverá demandantes que perderam suas casas, outros terão perdido pessoas da família, outros ainda que terão ficado um certo período sem abastecimento de água ou energia elétrica, entre muitos outros exemplos que poderiam ser figurados. Embora sejam casos muito diferentes uns dos outros, há, aí, evidentemente, uma questão comum: seria a pessoa jurídica demandada civilmente responsável pelos danos que os diversos demandantes pretendem ver reparados? Ou está presente alguma excludente de sua responsabilidade civil? Essa questão de fato é comum a todos aqueles processos, e não há como tentar uniformizar sua resolução através de procedimentos destinados a criar um acórdão dotado de eficácia vinculante, pois esses só podem ser usados quando a questão comum é de direito.[8]

Assim, uma maneira bastante eficiente de uniformizar o tratamento desses casos múltiplos consiste em, por meio de cooperação judiciária, delegar-se a um juízo único a resolução dessa questão de direito. Seria possível, por exemplo, que os processos fossem suspensos até que, em um deles (o único que continuaria a se desenvolver), fosse produzida uma prova comum e determinado se a pessoa jurídica demandada é ou não responsável

---

8   É o que se vê pela regulamentação do incidente de assunção de competência (art. 947 do CPC), do incidente de resolução de demandas repetitivas (art. 976, I, do CPC) ou dos recursos excepcionais repetitivos (Enunciado 7 da súmula de jurisprudência dominante do STJ; Enunciado 279 da súmula de jurisprudência dominante do STF).

pelos danos resultantes do desastre (para continuar a empregar o mesmo exemplo anteriormente figurado). Depois disso, todos os processos voltariam a tramitar de forma independente, ficando todos os juízos vinculados ao que tivesse sido decidido acerca da questão comum. As demais questões (por exemplo, saber se o demandante realmente sofreu dano moral, e qual deve ser o valor da compensação do dano porventura ocorrido) seriam, então, resolvidas de modo independente em cada processo.

Outra possibilidade seria a reunião de todos os processos perante um único juízo até que a questão comum fosse resolvida, quando então eles retornariam aos seus juízos de origem.

Certo é que, assim, não só se evitaria a produção de atos probatórios repetitivos, mas também se conseguiria uniformizar a resolução da questão de fato, ampliando-se a igualdade e a eficiência do sistema processual.

VI – Na obtenção e apresentação de provas, na coleta de depoimentos e meios para o compartilhamento de seu teor

Aqui se trata da tipificação de um ato concertado através do qual haveria a fixação de um procedimento para que se unificasse a colheita de provas que devam ser produzidas em mais de um processo. Diferentemente da hipótese anterior, no ato concertado de que aqui se trata apenas a colheita da prova seria unificada, mas não sua valoração.

Pense-se, por exemplo, na existência de múltiplos processos em que se discute se há ou não contaminação da água potável distribuída aos moradores de uma cidade. Pois é possível imaginar que surja controvérsia acerca do lugar em que ocorre a contaminação. Os demandantes, por exemplo, podem sustentar que a contaminação acontece no reservatório da concessionária do serviço público de fornecimento de água. A concessionária, por sua vez, pode afirmar que a contaminação ocorre por causa de um problema numa obra realizada pelo Município, que teria afetado os encanamentos que transportam a água. Haveria, aí, a necessidade de se fazer perícia em dois lugares diferentes. Pois nada impede que os juízos, por concertação, estabeleçam que um deles conduzirá a prova pericial no reservatório da concessionária, enquanto o outro conduzirá a produção da perícia no lugar em que houve a tal obra pública.

Nesse caso, porém, apenas a colheita da prova seria comum, mantendo-se com cada juízo a competência para sua valoração.

No ato concertado de que aqui se trata será extremamente relevante que se crie um procedimento de comunicação do teor dos atos processuais, para que todos os juízos cooperantes, assim como os demais sujeitos de todos os processos alcançados pelos efeitos desse ato concertado, possam tomar conhecimento de tudo que acontece no processo em que a colheita da prova comum se dará.

VII – Na produção de prova única relativa a fato comum

Bastante semelhante ao anterior, aqui se tem a previsão de ato concertado para coletivização de prova relativa a fato comum. Pois essa coletivização da prova deve se dar a partir de quatro vetores: (i) eficiência; (ii) universalização (já que a prova interessa a diversos processos e pode ser utilizada em todos eles); (iii) efetividade; e (iv) isonomia.[9]

Pode-se pensar, por exemplo, no caso concreto que ocorreu no final dos anos 1990 envolvendo as assim chamadas "pílulas de farinha" em que várias mulheres, acreditando estar tomando pílulas anticoncepcionais, estavam, na verdade, tomando pílulas que não continham o princípio ativo do medicamento que adquiriram. Tem-se conhecimento de mais de 500 demandas individuais, além de pelo menos duas demandas coletivas, todas propostas contra o fabricante do medicamento. Pois em casos assim é perfeitamente possível estabelecer-se um procedimento para que uma só prova pericial seja produzida, de forma coletiva, para produzir efeitos em todos os processos em que tal prova pode, de algum modo, ser útil.

VIII – Na efetivação de medidas e providências para recuperação e preservação de empresas

Esse é ato concertado que, de tão relevante, acabou por influenciar uma reforma legislativa, a que resultou da edição da Lei nº 14.112/2020, que alterou a Lei de Falências e Recuperação de Empresas. Ali se incluíram diversos atos concertados a serem praticados pelos juízos que, de algum modo, têm de lidar com empresas em dificuldades econômicas.

---

9   PASCHOAL, Thaís Amoroso. *Coletivização da prova*. São Paulo: RT, 2020, p. 197.

Assim é que, nos termos do art. 6º, §§ 7º-A e 7º-B, da Lei de Falências e Recuperação de Empresas, sempre que um juízo que não seja o da recuperação determinar alguma constrição sobre bem da recuperanda (o que pode acontecer, por exemplo, em processo de execução fiscal) durante o *stay period*,[10] deverá realizar-se um ato de cooperação judiciária para que o juízo da recuperação possa verificar se o bem constrito é ou não essencial para a atividade empresária e, caso positivo, determinar a suspensão da constrição ou a substituição do bem essencial constrito por outro.

Não é apenas esse ato de cooperação, porém, que deve ser praticado com o fim de recuperar ou preservar empresas em dificuldades. O art. 6º, VIII, da Resolução nº 350 do CNJ abre espaço para outros atos concertados. É o caso, por exemplo, do ato concertado celebrado entre o Tribunal de Justiça do Estado do Rio de Janeiro e o Tribunal Regional do Trabalho da Primeira Região, assinado em janeiro de 2023, por força do qual se estabeleceu um procedimento destinado a fazer com que, em qualquer caso em que se deferir a recuperação judicial de uma empresa, seja enviada comunicação, por e-mail, à Caex/TRT1, solicitando que seja fornecida lista completa de processos de conhecimento, de liquidações de sentença e de execuções que tramitam contra a recuperanda. No mesmo ato serão comunicados à Caex/TRT1 a data da distribuição do processo, o número do processo, a data do deferimento da recuperação, a qualificação do administrador judicial e seus contatos. As listas solicitadas são enviadas pela Caex ao juízo da recuperação e ao administrador judicial por e-mail.

O mesmo ato concertado estabeleceu que, no caso de recuperação judicial em que haja elevado número de credores com processos já instaurados na Justiça do Trabalho, a Caex poderá promover a reunião de execuções trabalhistas, além de enviar aos juízos trabalhistas as listas dos credores, solicitando os valores a serem reservados ou pagos. Também se recomendará aos juízos trabalhistas que coloquem eventuais valores já penhorados à disposição da Caex, para eficiência da execução unificada, a ela

---

10   O prazo de 180 dias de suspensão de diversas execuções que estejam em curso contra a recuperanda.

cabendo informar o juízo estadual acerca desses valores. O juízo da recuperação, por sua vez, determinará ao administrador judicial que se apresente à Caex para acompanhamento dos processos trabalhistas, devendo se cadastrar junto ao TRT1 para poder ter acesso ao seu sistema de processamento eletrônico.

O juízo da recuperação, ao receber as listas enviadas pela Justiça do Trabalho, deverá orientar o administrador judicial a proceder à inclusão dos credores e reservas trabalhistas no Quadro Geral de Credores, prevalecendo essa informação sobre a prestada pela própria recuperanda. Há uma previsão de que a primeira resposta será enviada pela Caex ao juízo da recuperação em 40 dias úteis, sendo possível que depois sejam apresentadas atualizações das listagens até a aprovação do plano de recuperação.[11] O teor do plano de recuperação judicial que venha a ser aprovado será comunicado à Caex.

Há, ainda, outras previsões no aludido ato concertado, mas isso é suficiente para demonstrar a importância da cooperação por concertação na preservação e recuperação de empresas. A mera afirmação de que será possível ter a lista completa dos credores trabalhistas que têm processos em curso perante a Justiça do Trabalho, com a indicação da fase em que se encontra o processo e o valor atualizado a ser objeto de provisionamento ou de pagamento, no prazo de 40 dias úteis já mostra o ganho de eficiência. Afinal, a formação dessas listas costuma demorar muito tempo, às vezes alguns anos.

Outros exemplos podem ser pensados, e não haveria nenhuma possibilidade de esgotarem-se esses exemplos neste trabalho. Mas é possível figurar, por exemplo, um ato concertado que amplie a incidência das hipóteses previstas nos §§ 7º-A e 7º-B do art. 6º da Lei de Falência e Recuperação para além do *stay period*.[12]

---

11 Antes da celebração desse ato concertado, foi celebrado um outro, de menor alcance, envolvendo apenas um processo de recuperação judicial de empresa com grande número de credores trabalhistas, e que funcionou como caso-piloto da cooperação. Nesse caso-piloto os quadros foram apresentados dentro do prazo de quarenta dias, o que motivou a previsão desse prazo no ato concertado celebrado entre os dois tribunais.

12 Exemplo aventado por DAVID, Fernanda Rocha. *Coordenação de competências na recuperação judicial*. Salvador: JusPodivm, 2023, p. 149.

IX – Na facilitação de habilitação de créditos na falência e na recuperação judicial

Ainda no campo da tutela processual das empresas em dificuldades econômicas, é possível a celebração de atos concertados destinados a permitir a facilitação de habilitação de créditos, tanto nos processos de falência como nos de recuperação judicial. Basta pensar, por exemplo, que se estabeleça, por concertação, um procedimento destinado a permitir que, além dos editais previstos na Lei de Falência e Recuperação que se destinam a convocar os credores que têm de habilitar seus créditos, haja uma comunicação aos juízos cíveis em que tramitam processos contra a recuperanda, para que seja feita uma intimação específica para cada credor, dando-lhe ciência da recuperação e, com isso, tornando mais fácil a imediata habilitação (e, por conseguinte, reduzindo o risco de habilitações retardatárias). Nos dias de hoje, com os recursos tecnológicos à disposição dos tribunais, seria bastante simples identificar esses processos e promover a intimação dos credores por meios eletrônicos.

X – Na disciplina da gestão dos processos repetitivos, inclusive da respectiva centralização (art. 69, § 2º, VI, do CPC), e da realização de mutirões para sua adequada tramitação

Há, aqui, a tipificação de dois atos concertados distintos: o da gestão de processos repetitivos (inclusive por meio de sua centralização) e o da realização de mutirões para sua adequada tramitação.

Inicialmente, e invertendo a ordem da lei, vale examinar a possibilidade de atos concertados para instituição de mutirões relativos aos processos repetitivos. Mutirão, como sabido, é um trabalho coletivo. Pois é possível, por ato concertado, estabelecer-se um procedimento para a realização de mutirões relacionados com processos repetitivos. Pode-se pensar, por exemplo, em mutirões de conciliação em casos repetitivos de consumo. Ou em mutirões para prolação de sentenças aplicando padrões decisórios vinculantes que tenham sido estabelecidos no julgamento de casos repetitivos (recursos repetitivos ou incidentes de resolução de demandas repetitivas), o que permitiria a solução mais ágil desses casos.

Além disso, é possível a cooperação por concertação para a gestão de processos repetitivos. Pense-se, por exemplo, em casos repetitivos em que há não só questões de direito comuns (para os quais se pode pensar na instauração de incidente de resolução de

Cap. 5 – A cooperação por concertação | 61

demandas repetitivas ou no julgamento de recursos excepcionais repetitivos), mas também questões comuns de fato. Pode-se recordar, aqui, os diversos processos que foram instaurados no Rio de Janeiro em que os autores demandavam contra a concessionária do serviço de transporte por trens urbanos, nos quais se discutia o dever de realização de obras nas estações para assegurar a acessibilidade de pessoas com deficiência. Há, aí, evidentemente questões de fato a resolver, como a de saber que tipos de obras ainda precisam ser realizadas, e que tipos de deficiência exigem alguma acessibilidade diferenciada. Pois em casos assim, é possível pensar em diversas hipóteses de gestão de processos repetitivos mediante cooperação por concertação. Pense-se, por exemplo, na definição, por ato concertado, de um caso-piloto, a ser conduzido por um juízo, sobrestando-se os demais até que seja colhida a prova, ou até que se profira a sentença. Outra possibilidade seria a concertação para coletivização da prova a ser produzida com relação às questões comuns de fato. Mas a hipótese mais interessante, sem dúvida, é a concertação para reunião de processos repetitivos.

Pode-se dizer que casos repetitivos poderiam ter recebido tratamento processual diverso por opção das partes demandantes. É que seria perfeitamente possível o ajuizamento de demanda coletiva (para proteção de interesses individuais homogêneos), ou de formação de litisconsórcio. Ocorre que, na maior parte das vezes, os interessados não estão organizados a ponto de se formar uma entidade (associação, por exemplo) que possa defender seus interesses em juízo de forma coletiva, e essas pessoas nem mesmo se conhecem, o que dificulta muito a formação do litisconsórcio. O que se vê, então, é a instauração de diversos (às vezes milhares) de processos individuais, nos quais se discutem questões de fato idênticas ou análogas, gerando uma massa de processos repetitivos. Pois em situações assim, é possível que, por concertação, se determine a reunião dos processos repetitivos perante um só juízo, a fim de que tenham tratamento conjunto e uniforme.

Importante, nessas hipóteses, é determinar em qual juízo esses processos devem ser reunidos. Sobre o ponto, já se teve oportunidade de escrever em outro trabalho:

> Desse modo, o juízo no qual está concentrada a maioria das demandas, o foro no qual reside a maioria das partes ou no qual será produzida a prova e até mesmo aspectos relacionados à experiência e formação

acadêmica do juiz podem ser critérios que determinem uma vantagem prática e concreta em relação ao órgão jurisdicional ao qual foi distribuída a primeira demanda. Em outros termos, seria o caso de buscar-se determinar o juízo que tem *competência adequada* para julgar todos esses processos conjuntamente, entendida aqui a competência adequada como a que estabelece "uma relação de adequação legítima entre o órgão jurisdicional (competência) e a atividade por ela desenvolvida (processo), em expediente voltado à definição do órgão que melhor decidirá a causa".[13]

Fredie Didier Jr., tratando sobre esse ato concertado, traz um exemplo muito interessante. Diz ele:

> [u]ma vez instaurado o incidente de resolução de demandas repetitivas, é permitido que, por cooperação judiciária, se determine o juízo de primeiro grau que passará a receber as futuras ações repetitivas ou mesmo o juízo que venha a ser o competente para aplicar a tese jurídica que vier a ser firmada neste incidente.[14]

Caso interessante foi o de ato concertado que levou a que se reunissem, na Comarca de Belo Horizonte, todos os processos coletivos instaurados contra empresa cuja recuperação judicial havia sido deferida naquela comarca. Havia processos coletivos instaurados perante a Justiça Estadual de diversos membros da Federação, e eles foram reunidos, por ato de cooperação judiciária, na mesma comarca (embora não no juízo da recuperação), perante um mesmo juízo, para julgamento conjunto.[15]

XI – Na efetivação de tutela provisória ou na execução de decisão jurisdicional

A cooperação por concertação pode levar à construção de procedimentos para efetivação de tutelas provisórias ou para a

---

13 CÂMARA, Alexandre Freitas; SILVA, Ricardo Menezes da. Notas sobre a centralização de processos repetitivos no contexto da cooperação judiciária nacional. *In*: DIDIER JR., Fredie; CABRAL, Antonio do Passo (coord.). *Cooperação judiciária nacional*. Salvador: JusPodivm, 2021. p. 547.

14 DIDIER JR., Fredie. Ato concertado e centralização de processos repetitivos. *In*: DIDIER JR., Fredie; CABRAL, Antonio do Passo (coord.). *Cooperação judiciária nacional*. Salvador: JusPodivm, 2021, p. 236.

15 Trata-se do caso conhecido como "caso 123Milhas", em que o TJMG celebrou ato concertado com diversos outros tribunais de justiça (entre os quais o TJRJ, o TJPB, o TJPR, o TJRO e o TJMT).

Cap. 5 - A cooperação por concertação | 63

execução de decisões de natureza jurisdicional. Importante perceber, porém, que não se trata aqui do ato concertado para reunião de execuções contra o mesmo devedor, que já foi examinada anteriormente, e está prevista no art. 6º, IV, da Resolução nº 350 do CNJ. Aqui se trata de concertação para desenvolvimento de procedimentos destinados a dar mais eficiência à atividade executiva, seja a fundada em tutela provisória, seja a que tem por base decisão concessiva de tutela definitiva, sem que as execuções sejam reunidas perante o mesmo juízo.

É possível, por exemplo, imaginar um ato concertado que leva à realização de avaliação única de um determinado bem que tenha sido penhorado em diversas execuções, ou na publicação de um edital único de citação para diversas execuções contra o mesmo devedor.

Também para a efetivação de tutelas provisórias deferidas em distintos processos, por juízos diferentes, é possível pensar em cooperação por concertação destinada a conferir mais eficiência ao sistema processual. Basta pensar na hipótese de um ato concertado para estabelecer procedimento destinado a regulamentar a efetivação de diversas decisões concessivas de tutela provisória contra o mesmo demandado.

XII – Na investigação patrimonial, busca por bens e realização prática de penhora, arrecadação, indisponibilidade ou qualquer outro tipo de constrição judicial

A concertação para aumentar a efetividade da execução pode ser realizada através de vários mecanismos distintos. Um deles é o desenvolvimento de procedimentos para investigação patrimonial e busca por bens. Isso já se faz, na prática, através de instrumentos desenvolvidos por cooperação interinstitucional, como o Sisbajud ou o Renajud. Há, porém, um grande campo para que os órgãos jurisdicionais promovam atos concertados para aumentar a eficiência da investigação patrimonial. É possível, por exemplo, que se imagine um ato concertado entre juízos de recuperação judicial e juízos perante os quais se desenvolvam processos de execução fiscal, a fim de que o juízo recuperacional apresente previamente ao juízo da execução os bens não essenciais da empresa recuperanda que podem vir a ser penhorados na execução fiscal.

Também é possível a celebração de ato concertado destinado a estabelecer um procedimento para constrições judiciais. Basta pensar no caso de uma comarca de grande extensão territorial, em área predominantemente rural, em que os juízos cooperantes, por concertação, estabeleçam que todos os atos de apreensão de bens na zona urbana dos municípios serão feitos pelos oficiais de justiça vinculados a um desses juízos, enquanto as constrições em área rural serão feitas por oficiais de justiça vinculado a outro(s) juízo(s) da mesma comarca.

XIII – Na regulação de procedimento expropriatório de bem penhorado ou dado em garantia em diversos processos

Aqui se tem mais um caso de ato concertado típico para cooperação em procedimentos executivos. Trata-se da concertação que tenha por objeto a expropriação de bens constritos. Basta pensar, por exemplo, em um leilão conjunto de diversos bens do devedor, penhorados em execuções distintas. Ou em um leilão único para atender a diversas execuções em que foram penhorados bens de pequeno valor.

Também se pode imaginar o caso em que, tendo sido penhorado um mesmo bem em diversas execuções, haja em todas elas manifestações de diferentes pessoas interessadas em sua adjudicação, sendo possível que, por ato concertado, se discipline o procedimento da licitação prevista no art. 876, § 6º, do CPC.

XIV – No traslado de pessoas

O ato concertado que aqui se tipifica pode ser convencionado, por exemplo, para transferência de adolescentes infratores, ou no traslado de crianças e adolescentes que, por força de decisão proferida em processos de família, tenham sido alcançados por busca e apreensão realizada em lugar distinto daquele em que se encontra a pessoa responsável a quem a criança ou adolescente deverá ser entregue. Pois em casos assim, a cooperação judiciária pode ser um importante mecanismo destinado a evitar a revitimização daquela criança ou adolescente, que já terá passado por situações traumáticas ao ser levado indevidamente do lugar em que deveria ficar, ao ser alvo de uma diligência de busca e apreensão, e precisa ser tratado pelo Judiciário de forma que atenda seu melhor interesse.

CAP. 5 – A COOPERAÇÃO POR CONCERTAÇÃO | 65

XV – Na transferência de presos

Esse é ato de cooperação judiciária bastante comum, já que empregado com frequência para a transferência e o recambiamento de pessoas presas. A matéria é, inclusive, objeto da Resolução nº 404 do CNJ (que diz, expressamente, em seus *consideranda*, que a transferência de pessoas presas "consiste em ato de cooperação judiciária").[16]

Vale aqui registrar que a transferência de pessoas presas significa sua remoção de um estabelecimento prisional para outro localizado no mesmo Estado da Federação, enquanto no recambiamento o traslado se dá para Estado distinto (Resolução nº 404 do CNJ, art. 2º, I e II). Assim, embora o art. 6º, XV, da Resolução nº 350 do CNJ só faça alusão à transferência, deve-se considerar típico, também, o ato concertado destinado a estabelecer procedimento para o recambiamento de pessoas presas.

Vale, aqui, registrar um fato curioso, que servirá para mostrar que a cooperação judiciária precisa respeitar alguns limites.

Houve, certa vez, um pedido formulado pelo Tribunal de Justiça de certo Estado da Federação ao TJRJ, para pedir que se promovesse o recambiamento, para o Rio de Janeiro, de pessoa que estava presa naquele outro Estado. A Segunda Vice-Presidente do Tribunal de Justiça do Estado do Rio de Janeiro, porém, negou o recambiamento. Fundou-se sua decisão no art. 3º, VII, da Resolução nº 404 do CNJ, por força do qual é diretriz do recambiamento a observância do direito da pessoa presa de cumprir sua pena em local próximo ao seu meio social e familiar. É que, no caso, a pessoa se encontrava presa por um crime cometido no Estado do Rio de Janeiro, mas estava recolhida a um estabelecimento prisional localizado na cidade em que residia sua família, em outro Estado da Federação. Diante da negativa, o tribunal que havia pedido o recambiamento dirigiu-se ao Núcleo de Cooperação Judiciária do TJRJ para postular a reforma da decisão da Segunda Vice-Presidente. Ocorre que o Núcleo de Cooperação não é órgão revisor de decisões proferidas por magistrados, sendo apenas um "ponto

---

16   No Tribunal de Justiça do Estado do Rio de Janeiro, a competência para tratar da transferência e recambiamento de pessoas presas é da Segunda Vice-Presidência do Tribunal, que conta com o apoio do Núcleo de Cooperação Judiciária e dos juízes de cooperação para realizar essa tarefa.

de contato" entre juízos que podem cooperar. Foi preciso, então, responder dizendo que não havia possibilidade de se modificar a decisão da Segunda Vice-Presidente.

XVI – Na transferência de bens e de valores

A cooperação por concertação pode estabelecer procedimentos para transferências de bens e valores entre juízos cooperantes. Imagine-se, por exemplo, que há dinheiro constrito em um processo de execução, o qual é extinto sem que haja a satisfação do crédito exequendo (por prescrição, por exemplo). Figure-se, então, a possibilidade de que esse mesmo dinheiro possa vir a ser empregado em outra execução contra o mesmo devedor, a qual se desenvolve perante juízo que solicita a cooperação daquele outro órgão jurisdicional para que se realize a transferência dos valores, de uma conta vinculada a um juízo para outra, vinculada ao outro juízo cooperante. Pois através de atos concertados é possível cogitar de procedimentos que facilitem a realização desse tipo de transferência.

XVII – No acautelamento e gestão de bens e valores apreendidos

Aqui também é possível pensar em atos concertados, alguns até bem simples, para acautelamento e gestão de bens e valores apreendidos. Há, por exemplo, fóruns localizados em edifícios mais antigos, em que é possível encontrar, em um dos gabinetes de juiz, um cofre de médio porte. Pois é perfeitamente possível que, por concertação, os juízos da comarca estabeleçam que todos os bens móveis e valores por eles apreendidos ficarão acautelados naquele cofre.

Também é possível que, por ato concertado, se atribua a um dos juízos cooperantes a função de dialogar com a instituição bancária responsável por manter depositados os valores apreendidos, dispensando-se os demais juízos de praticar atos dessa natureza (e, portanto, tornando-se o juízo escolhido uma espécie de "ponto de contato" entre o banco e o Judiciário).

XVIII – No compartilhamento temporário de equipe de auxiliares da justiça, inclusive de servidores públicos

Aqui se tem a tipificação de um ato concertado de cooperação judiciária de natureza eminentemente administrativa. E um antigo exemplo, já citado neste livro, pode ser relembrado. Antigamente havia, no fórum central da Comarca do Rio de Janeiro, 22 varas cíveis. Pois a aprovação de uma lei dobrou esse número, e passaram a existir, repentinamente, 44 varas cíveis. Pois quando da implantação das novas varas cíveis, houve um compartilhamento de pessoal, de modo que cada secretaria passou a atender duas varas cíveis. Assim, por exemplo, a antiga secretaria da 1ª Vara Cível também passou a atender a 23ª Vara Cível. A secretaria da 2ª Vara passou a atender, também, a 24ª Vara Cível. A da 3ª Vara passou a ser compartilhada com a 25ª Vara Cível, e assim sucessivamente (até o compartilhamento da secretaria entre a 22ª e a 44ª Varas Cíveis).

Outros exemplos, porém, podem ser imaginados. Pense-se na hipótese de um juízo ter, em sua secretaria, seis servidores, enquanto outro juízo da mesma comarca só tem quatro. Agora basta pensar no caso de a secretaria que tem número menor de servidores ficar ainda mais prejudicada por um deles ter precisado de uma licença médica de longa duração. Pois é possível, então, que o juízo com mais servidores ceda um deles para atuar na secretaria do outro juízo cooperante até que a servidora licenciada retorne ao juízo a que está vinculada.

Importante observar que esse tipo de ato não depende de autorização da Corregedoria de Justiça, mas a ela deve ser comunicado, até para que não se prejudique a situação funcional do servidor temporariamente cedido, que não pode ser punido por não ter ido trabalhar no órgão em que tem sua lotação.

XIX – Na efetivação de medidas e providências referentes a práticas consensuais de resolução de conflitos

Juízos podem cooperar por concertação para a realização de mutirões de conciliação ou de mediação, ou outros meios de buscar a solução consensual dos casos que lhes são submetidos. Vale, porém, dizer que para a prática desses atos muitas vezes será importante (ainda que não seja essencial) a participação do Núcleo Permanente de Métodos Consensuais de Solução de Conflitos (Nupemec), órgão do Tribunal cuja atribuição é desenvolver a política pública de tratamento adequado de conflitos para sua solução consensual.[17]

Há, porém, atos concertados de menor alcance, que podem ser feitos sem a participação do Nupemec. É o caso de um ato concertado destinado a regular o procedimento a ser observado na construção de soluções consensuais nos processos que tramitam em determinados juízos. Pense-se, por exemplo, na possibilidade de se atribuir a um juízo a condução de todas as audiências de conciliação envolvendo uma mesma parte que se caracterize como *repeat player* (litigante habitual, como seria uma instituição financeira ou uma concessionária de serviços públicos). Pois esse magistrado, exatamente em razão dessa especial função, já conheceria os métodos daquela parte, os limites para celebração ou não de acordos, o que tornaria mais eficiente a negociação que agora, em outro processo, pudesse se desenvolver.

XX – No compartilhamento de infraestrutura, tecnologia e informação, respeitada a legislação de proteção de dados pessoais

Esse é ato concertado que pode – e deve – ser praticado com frequência, para aprimoramento das técnicas a serem empregadas pelo Judiciário brasileiro no exercício de suas atividades.

Um bom exemplo de compartilhamento de informação foi o ato de cooperação celebrado entre o Tribunal de Justiça do Estado do Rio de Janeiro e o Tribunal de Justiça do Estado de Minas Gerais para cessão gratuita de um curso em vídeo destinado à capacitação de magistrados em cooperação judiciária. Esse curso foi originariamente produzido pela Escola da Magistratura do Estado do Rio de Janeiro (Emerj), para capacitação da magistratura fluminense. Posteriormente, e por força de cooperação judiciária, foi gratuitamente cedido ao TJMG para a capacitação dos magistrados mineiros.

Ao tempo em que este livro estava sendo escrito, iniciavam-se as tratativas entre o Tribunal de Justiça do Estado do Rio de Janeiro e o Tribunal de Justiça do Ceará para cessão de um robô (*bot*) chamado *Clóvis*. Trata-se de uma boa prática de emprego da tecnologia para o exercício das atividades do Poder Judiciário, desenvolvida pelo TJCE, e que foi inclusive incorporada ao

---

17 Por força da Resolução nº 125 do CNJ, todo tribunal brasileiro deve ter um Nupemec.

CAP. 5 – A COOPERAÇÃO POR CONCERTAÇÃO | 69

repertório de boas práticas em matéria processual do FPPC. Nesse repertório, a prática foi assim descrita:

25. "Clóvis": conjunto de automações para o Núcleo 4.0 da execução fiscal. Uso de automação para impulsionar o processamento das execuções fiscais. (Grupo Tecnologia e sistema de justiça)

Descrição: Trata-se de um conjunto de robôs integrados que atua em diversas etapas do processo de execução fiscal, desde o despacho inicial até o arquivamento dos autos, sem automações de atos decisórios. A automação via robô é efetivada de forma assistida, ou seja, com o acionamento por humano, e se inicia com a emissão automática do despacho inicial (com assinatura eletrônica do magistrado) e a emissão de carta de citação (com integração via ecartas). Após o retorno positivo do Aviso de Recebimento (AR) e havendo decorrido o prazo para pagamento sem manifestação, a automação entra em ação para emitir despacho de intimação da Fazenda (para que informe eventual pagamento, parcelamento ou atualize o valor do débito), por decisão do juiz, seguindo-se de decisão de constrição por meio dos sistemas indicados pela Fazenda exequente. A automação via RPA (robôs) realiza o bloqueio de valores por meio do sistema Sisbajud e a consulta de veículos por meio do Renajud, por decisão do juiz. Caso o AR referente à carta de citação retorne com resultado negativo, a automação procede com o despacho de intimação da Fazenda Pública e a determinação de expedição de mandado de citação, o qual é emitido pela própria funcionalidade. No caso de retorno positivo do mandado de citação, a automação retoma o caminho da pesquisa patrimonial. Por outro lado, se o mandado retornar negativamente, é efetuada uma pesquisa de novos endereços (sistema Sinesp). Ao final do procedimento, o robô atua na certificação do trânsito em julgado e no arquivamento do processo.

Dispositivos normativos concretizados: arts. 8º e 10 da Lei nº 6.830/1980.

Responsáveis pela prática: Tribunal de Justiça do Ceará (TJCE), por meio do Núcleo 4.0 – Execuções Fiscais e do Projeto de Robotização, Automação e Aprimoramento de Processos de Trabalho.

Esse sistema, que vem gerando excelentes resultados nas execuções fiscais em curso perante a justiça estadual cearense, pode ser compartilhado com outros tribunais (e o TJRJ foi o primeiro a procurar o tribunal cearense para propor essa cooperação judiciária), aumentando consideravelmente a eficiência no tratamento das execuções fiscais, as quais compõem o maior volume do acervo de processos em curso no Brasil.

XXI – Na transferência interestadual ou intermunicipal de crianças e adolescentes ameaçados(as) de morte e inseridos(as) no Programa de Proteção a Crianças e Adolescentes Ameaçados de Morte (PPCAAM)

O PPCAAM é atualmente regulado pelo Decreto nº 9.579/2018, editado pela Presidência da República, que consolida os atos normativos editados pelo Poder Executivo Federal que dispõem sobre a temática do lactente, da criança e do adolescente e do aprendiz, e sobre o Conselho Nacional dos Direitos da Criança e do Adolescente, o Fundo Nacional para a Criança e o Adolescente e os programas federais da criança e do adolescente. Esse Decreto presidencial revogou toda a normativa anterior sobre o PPCAAM.

O Programa de Proteção a Crianças e Adolescentes Ameaçados de Morte é coordenado pela Secretaria Nacional dos Direitos da Criança e do Adolescente, órgão do Ministério dos Direitos Humanos, e tem por finalidade proteger, em conformidade com o disposto no Estatuto da Criança e do Adolescente, crianças e adolescentes expostos a grave e iminente ameaça de morte, quando esgotados os meios convencionais, por meio da prevenção ou da repressão da ameaça.

Não é esta, evidentemente, a sede adequada para tratar do PPCAAM, mas vale destacar que o decreto que o regulamenta prevê que o programa será executado através de acordos de cooperação firmados entre a União, os Estados e o Distrito Federal (art. 112), e seu conselho gestor poderá contar com a participação do Poder Judiciário (art. 113, § 1º).

Pois há atos do programa que só podem ser praticados mediante intervenção judicial. É o caso, por exemplo, da alteração do nome da criança ou adolescente sob ameaça de morte e de seus familiares (art. 116, § 4º), ou a proteção integral de adolescentes que estejam sob ameaça de morte enquanto cumprindo medida socioeducativa (art. 116, § 1º). Pois nesses casos – e em outros que contem com a participação do Poder Judiciário – a cooperação judiciária por concertação pode ser extremamente útil para dar mais eficiência às medidas que implementam o PPCAAM.

Basta pensar, por exemplo, em um ato concertado entre o Juízo de Direito da Infância e Adolescência e o Juízo competente para conhecer de questões relativas aos Registros Públicos,[18] a fim de se estabelecer um procedimento que agilize a alteração dos nomes do adolescente ameaçado e de seus familiares.

XXII – Na formulação de consulta dirigida a outro magistrado ou órgão do Poder Judiciário (incluindo comitês, comissões e grupos de trabalho instituídos em seu âmbito) ou, ainda, no caso de cooperação interinstitucional, a pessoa, órgão, instituição ou entidade externa ao Judiciário, solicitando manifestação ou opinião em resposta, facultada a participação do consultor no processo, a critério do juízo consulente

Inicialmente, é de se observar que, por um erro material, a Resolução CNJ nº 499/2023, que inseriu esse inciso no art. 6º da Resolução nº 350, lhe atribuiu o número XXI, que já existia. Trata-se, portanto do inciso XXII do art. 6º, que é responsável por tipificar a cooperação por concertação para formulação de consultas.

O que se prevê, aqui, é que um órgão do Poder Judiciário promova cooperação por concertação com algum magistrado ou outro órgão do próprio Judiciário (ou, ainda, cooperação interinstitucional, dirigindo a consulta a pessoa, órgão, instituição ou entidade estranha ao Judiciário), solicitando uma manifestação ou resposta a uma consulta.

Em razão do objeto deste capítulo do trabalho, o exame aqui será limitado à cooperação entre órgãos do Poder Judiciário, mas tudo que aqui se disser poderá ser aplicado, *mutatis mutandis*, à cooperação interinstitucional.[19]

A cooperação por concertação para formulação de consulta permite que o juízo perante o qual tramita o processo busque apoio em pessoa ou órgão integrante do Poder Judiciário e que

---

18 Na Comarca do Rio de Janeiro, por exemplo, existe uma Vara de Registros Públicos.

19 Exemplo de cooperação interinstitucional nesse sentido é a existente entre o TJRJ e a Secretaria Estadual de Saúde do Rio de Janeiro, que deu origem ao Núcleo de Assistência Técnica (NAT), que permite aos magistrados formularem consultas em processos em que tenham sido formulados pedidos envolvendo fornecimento de medicamentos ou de internações.

tenha especialização numa determinada matéria, fornecendo assim subsídios para uma melhor prestação jurisdicional.

É comum, por exemplo, que a um magistrado caiba julgar uma causa que versa sobre matéria em que não tem especialização, existindo no Poder Judiciário (do mesmo ramo ou de outro) algum outro magistrado com grande conhecimento sobre o assunto. Um bom exemplo é o que se teve na cooperação celebrada entre as Varas da Fazenda Pública da comarca de Olinda (PE) e o Desembargador Federal Edilson Vitorelli, do TRF6, reconhecidamente um dos maiores especialistas brasileiros em processos estruturais. O ato concertado que foi celebrado teve por objeto uma série de ações civis públicas envolvendo deslizamento de barreiras que tramitam naquela comarca pernambucana. No caso, o Desembargador Vitorelli atua não só respondendo a consultas formuladas pelas magistradas responsáveis pela condução do processo, mas também se faz presente nas audiências dos processos a que o ato concertado diz respeito.

Sobre esse tipo de cooperação, vale fazer uma observação importante. É que a consulta dirigida por um magistrado a outro sempre foi um fenômeno muito comum no exercício das atividades jurisdicionais. Magistrados não sabem tudo, e é infinitamente vasto o conhecimento jurídico necessário para se exercer com qualidade a judicatura. Tomo a liberdade de me apresentar como exemplo. Exerço a magistratura desde 2008, quando ingressei no Tribunal de Justiça do Estado do Rio de Janeiro pelo Quinto Constitucional da Advocacia, depois de muitos anos advogando na área contenciosa do Direito Privado e lecionando direito processual civil. Não tinha, portanto, nem experiência prática, nem especialização acadêmica, em áreas como Direito Administrativo, Direito Tributário ou Direito Previdenciário. Não obstante isso, até o início de 2023, atuei em um órgão colegiado do Tribunal de Justiça que tinha também competência para conhecer de causas de Direito Público.[20]

Evidentemente, ao longo desse tempo, muitas dúvidas me surgiram, por mais que eu estudasse com afinco as matérias necessárias para julgar as causas que me eram confiadas. E por

---

20 Só no início de 2023, o TJRJ passou a contar com Câmaras Especializadas em Direito Público e em Direito Privado, e desde então sou integrante da 9ª Câmara de Direito Privado.

Cap. 5 - A cooperação por concertação | 73

sorte pude contar com a ajuda de magistrados especialistas nos temas em que eu mais tinha (e tenho) dúvidas, consultando-os em alguns casos concretos.[21] Essas consultas, porém, sempre foram feitas de modo absolutamente informal. Com a tipificação do ato concertado de consulta, porém, isso pode – e deve – mudar.

É que agora, havendo esse tipo de cooperação, a resposta dada à consulta formulada deve ser juntada aos autos (art. 5º, III, da Resolução nº 350), o que permitirá que ela seja submetida ao contraditório das partes. Deverá, portanto, ser assegurado às partes um prazo para que se manifestem sobre a resposta dada à consulta, sendo certo que essa resposta não é – nem poderia mesmo ser – vinculante para o juízo que formulou a consulta. Submetida a resposta da consulta ao contraditório, porém, será possível levar em consideração também os argumentos das partes acerca do tema objeto da consulta, o que levará, sem dúvida, a uma decisão qualitativamente melhor.

É importante, porém, para que não haja sobrecarga de alguns magistrados (especialmente daqueles que têm algum tipo de especialização acadêmica, e por isso naturalmente serão mais procurados para responder consultas formuladas por colegas de magistratura), que haja algum tipo de compensação por esse trabalho adicional. Seria possível, por exemplo, que o tribunal estabelecesse que um certo número de consultas respondidas (*e.g.*, três) compensasse uma distribuição. A não ser assim, haverá o sério risco de que os juízes não se sintam estimulados a atuar como consultores de seus colegas magistrados.

5.3. COOPERAÇÃO POR CONCERTAÇÃO E DETERMINAÇÃO DA COMPETÊNCIA ADEQUADA: REPENSANDO DOGMAS DO DIREITO PROCESSUAL

Um dos temas do direito processual mais afetados pela cooperação judiciária é, sem dúvida, a competência. Afinal, mediante a prática de atos de cooperação é possível determinar-se a competência de diversos modos. Por solicitação, fixa-se a competência

---

21 Seja feito, aqui, o devido agradecimento ao Des. Jessé Torres Pereira Júnior, um dos maiores nomes da doutrina do direito administrativo brasileiro, com quem tive a honra de dividir a bancada da 2ª Câmara Cível por mais de uma década, e que me tirou incontáveis dúvidas, especialmente em casos que versavam sobre licitações.

para a colheita de provas em comarca distinta daquela em que tramita o processo. Por delegação, o relator de ação rescisória fixa a competência para juízo de primeira instância colher provas. Por ato conjunto, realiza-se em um juízo ato processual que diz respeito a processo que tramita em outro órgão jurisdicional. Mediante concertação, concentram-se processos coletivos ou execuções em um só juízo. Todos esses são exemplos de atos de cooperação judiciária que de algum modo influem na determinação da competência. E todos eles têm por base um mesmo princípio processual: o da competência adequada.

Trata-se de princípio que foi originariamente desenvolvido em sede doutrinária,[22] e que vem sendo reconhecido pela jurisprudência.[23]

Como ensina Hartmann, "[a] competência adequada manobra no sentido de estabelecer uma relação de adequação legítima entre o órgão jurisdicional (competência) e a atividade por ele desenvolvida (processo), em expediente voltado a definição do órgão que melhor atuará na causa".[24] É que, muitas vezes, a previsão feita em abstrato no texto normativo não é suficiente para determinar qual o melhor juízo para exercer, no caso concreto, a atividade jurisdicional.

Assim é, que por exemplo, foi celebrado em 2021 ato concertado entre os juízos da 1ª e da 2ª Varas de Família Regionais da Barra da Tijuca estabelecendo uma regra de competência que não está em qualquer lei processual ou de organização judiciária: ficou convencionado que os processos relativos à mesma entidade familiar sempre seriam atribuídos ao mesmo órgão jurisdicional (com as devidas compensações de distribuição, a fim de evitar que se viole o disposto no art. 285 do CPC, que exige que a distribuição observe "rigorosa igualdade").

---

22 HARTMANN, Guilherme Kronemberg. *Controle da competência adequada no processo civil.* 2018. Tese (Doutorado em Direito). – UERJ, Rio de Janeiro, 2018.

23 Pode ser citado o acórdão proferido pelo STJ ao julgar o CC 199.079/RN, rel. Min. Moura Ribeiro, red. p/ acórdão Min. Nancy Andrighi, j. 13/12/2023, assim como o acórdão do TJRJ no julgamento do CC 0083592-39.2020.8.19.0000, rel. Des. Alexandre Freitas Câmara, j. 04.03.2021.

24 HARTMANN, Guilherme Kronemberg. Gestão cooperativa da competência adequada e a versatilidade no tratamento de demandas interligadas. *In:* DIDIER JR., Fredie; CABRAL, Antonio do Passo (coord.). *Cooperação judiciária nacional.* Salvador: JusPodivm, 2021, p. 422.

Outro exemplo importante foi o termo de cooperação celebrado entre diversos tribunais de justiça para determinar a reunião, perante um juízo da comarca de Belo Horizonte, de todos os processos coletivos em que era demandada a 123 Milhas, empresa de venda on-line de passagens aéreas, já que naquela mesma comarca tramitava o processo de sua recuperação judicial.

Mais um caso interessante pode ser narrado aqui. O antigo Regimento Interno do Tribunal de Justiça do Estado do Rio de Janeiro (que vigorou, com diversas alterações ao longo do tempo, entre 1975 e 2024) previa que a competência para a execução de decisões proferidas em mandados de segurança de competência originária do tribunal seria do presidente do órgão colegiado que os houvesse julgado. De outro lado, porém, a competência para conduzir o procedimento executivo (*cumprimento de sentença*) em outros casos de processos de competência originária do Tribunal, como ação rescisória ou reclamação, seria do relator. O novo regimento interno, porém, que entrou em vigor em 2024, atribuiu todas essas competências ao presidente do órgão colegiado. Isso acarretou, porém, um acréscimo de funções ao presidente das câmaras, sem qualquer melhoria de sua estrutura de pessoal. Por isso, os integrantes da 9ª Câmara de Direito Privado do TJRJ, de forma pioneira, mediante ato concertado, estabeleceram que naquele órgão colegiado continuaria a vigorar a regra antiga: ao Presidente caberia a execução das decisões proferidas nos mandados de segurança de competência originária, cabendo a cada relator conduzir a execução das decisões proferidas nos demais processos de competência originária. Definiu-se, desse modo, a competência adequada para aquelas execuções, modificando-se, por meio de ato de cooperação judiciária, uma competência funcional, absoluta.[25]

---

25 O ato concertado mencionado nesse exemplo (Ato Concertado nº 1/2024 da 9ª Câmara de Direito Privado do TJRJ) foi subscrito pelos cinco desembargadores com assento efetivo naquele órgão jurisdicional: Des. Paulo Sérgio Prestes dos Santos (Presidente), Des. Alexandre Freitas Câmara, Desª. Maria Isabel Paes Gonçalves, Des. Luiz Roldão de Freitas Gomes Filho e Desª. Fernanda Fernandes Coelho Arrábida Paes. Sobre esse ato, um detalhe que reputo importante trazer à luz: entendo que, no caso concreto, houve um *compartilhamento de competência*. Afinal, a competência que era inteiramente do Presidente foi dividida entre os cinco integrantes do colegiado e, além disso, não há hierarquia entre o Presidente (a quem a competência originariamente cabia com exclusividade) e os demais integrantes do colegiado. É que, a meu ver, só há delegação quando há atribuição (total ou parcial) da competência de um órgão superior para um órgão inferior. Conversei sobre o tema, porém, com dois especialistas na matéria, que têm visões diferentes, que parece relevante trazer aqui.

Muitos outros exemplos poderiam ser trazidos à colação, mas o mais importante é perceber que esses atos de cooperação, especialmente os atos concertados, que versam sobre competência levam ao rompimento de um tabu: o da impossibilidade de modificação da competência absoluta.[26]

É certo que as causas de modificação da competência previstas no CPC (conexão, continência, vontade das partes e inércia do réu em alegar a incompetência na contestação) só provocam a modificação das competências relativas. Assim, não se admite, por exemplo, negócio processual celebrado pelas partes a fim de modificar competência absoluta (CPC, art. 62). Do mesmo modo, o fato de o réu não alegar a incompetência absoluta na contestação não significa qualquer tipo de prorrogação da competência, já que a incompetência absoluta pode ser reconhecida a qualquer tempo, até mesmo depois do trânsito em julgado, mediante o ajuizamento de ação rescisória.

Já havia, porém, em diversos textos normativos, a previsão de modificação de competências absolutas, antes mesmo da sistematização, pelo CPC/2015, da cooperação jurisdicional. Assim, por exemplo, a Lei de Ação Civil Pública (Lei nº 7.347/1985), não obstante afirme ser absoluta a competência territorial para os processos por ela regidos (art. 2º, que fala em "competência funcional" para se referir ao que, na verdade, é competência territorial absoluta), permite sua modificação por conexão ou continência, estabelecendo uma regra de determinação do juízo prevento (art. 2º, parágrafo único).

Para o Professor Antonio do Passo Cabral haveria aí "delegação parcial", pois para ele só haveria compartilhamento quando do ato concertado resultasse a prática de atos colegiados. Para a Professora Fernanda Tereza de Melo Bezerra, de outro lado, o caso seria de compartilhamento, mas por outra razão: para ela, só há delegação quando a atribuição de competência é total, nada ficando com o delegante. Quando é parcial, como no caso do exemplo figurado, haveria compartilhamento. Isso mostra como ainda há muito a refletir sobre o tema de que aqui se trata, e estamos longe do consenso. Mas essa divergência doutrinária não atrapalha, por óbvio, a prática do ato de cooperação.

26 Autores há que, ainda vinculados a esse dogma ultrapassado, afirmam que a possibilidade de modificação só existe quando a competência é relativa. Assim, por exemplo, Elpídio Donizetti afirma que "[a] competência será relativa, ou seja, passível de modificação, quando determinada em razão do território ou do valor da causa" (DONIZETTI, Elpídio. *Curso didático de direito processual civil*. 20. ed., São Paulo: Atlas, 2017, p. 202).

O CPC de 1973 já previa a delegação de competência para a colheita de provas em ação rescisória (art. 492), sendo certo que essa competência é funcional e, portanto, absoluta.

Também no art. 555, § 1º (com a redação que lhe deu a Lei nº 10.352/2001) se passou a ter, no CPC/1973, a previsão de um mecanismo de modificação de competência funcional, que nada mais é do que aquilo que o CPC vigente denominou *incidente de assunção de competência.*

Pois com a entrada em vigor do CPC/2015 ficou mais visível essa possibilidade de modificação da competência absoluta. Primeiro, por força do incidente de assunção de competência. O fato de se ter dado a esse mecanismo de formação de padrões decisórios vinculantes o nome que lhe foi atribuído já permite ver, com clareza, que se trata de fenômeno por qual a competência que, a princípio, seria de um órgão fracionário do Tribunal, é assumida por outro órgão colegiado mais amplo do mesmo Tribunal. É o que se dá, por exemplo, quando a competência passa de uma das Câmaras ou Turmas de um Tribunal para a Seção. Pois nesse caso há evidente modificação de competência funcional, que é absoluta.[27]

Fenômeno análogo a esse se tem quando é admitido o incidente de resolução de demandas repetitivas. Afinal, por força do que dispõe o art. 978, parágrafo único, do CPC, o mesmo órgão que decide esse incidente (que também é um mecanismo de formação de padrões decisórios vinculantes) deve julgar, também, o caso piloto. Pois isso faz com que a competência para conhecer do caso piloto se transfira de um órgão fracionário do Tribunal para aquele que, por determinação do regimento interno, seja o competente para conhecer do IRDR. Mais uma vez, modifica-se competência funcional, absoluta.[28]

Pois a cooperação judiciária, especialmente por meio de atos concertados, pode acarretar a modificação de competências, inclusive de competências absolutas.[29] É o que se dá, por exemplo,

---

27 Tratei dessa hipótese de modificação da competência absoluta em CÂMARA, Alexandre Freitas. *Manual de direito processual civil.* 3. ed. Barueri: Atlas, 2024. p. 199.

28 CÂMARA, Alexandre Freitas. *Manual de direito processual civil.* 3. ed. Barueri: Atlas, 2024.

29 Também é possível, por concertação, modificar competências relativas, como se daria no caso de concentrarem-se em uma comarca processos repetitivos originariamente distribuídos em comarcas diversas. Mas a modificação da competência relativa não é um dogma do direito processual civil e, portanto, não precisa ser objeto deste tópico.

na concertação para reunião de processos repetitivos que tramitam perante juízos com competências distintas, fixadas por regras de competência absoluta. É o caso de haver, *e.g.*, processos repetitivos instaurados perante Juízos Federais comuns e Juizados Especiais Federais,[30] ou perante Varas da Fazenda Pública e Juizados Especiais da Fazenda Pública.[31] Pois nessa hipótese é perfeitamente possível a reunião desses processos perante um só juízo, por meio de cooperação por concertação. E isso implicará modificação de competência absoluta.[32]

É importante, porém, perceber que a modificação de competências absolutas por concertação tem um limite intransponível: a Constituição da República. Não se pode admitir que, por concertação, sejam modificadas normas constitucionais de atribuição da competência. Assim, por exemplo, não seria possível concentrar em um juízo estadual processos repetitivos em que seja parte uma empresa pública federal (como a Caixa Econômica Federal).[33]

A modificação de competências constitucionais esbarra, a meu ver, no princípio do "juiz natural" (ou melhor, *juízo constitucional*), que deve ser entendido como a garantia de que o processo se desenvolverá perante o juízo cuja competência constitucional tenha sido preestabelecida.[34] Admitir, assim, que por ato concertado, seja possível atribuir algum processo a órgão jurisdicional

---

30 Sendo absoluta a competência dos Juizados Especiais Federais, nos termos do que dispõe o art. 3º, § 3º, da Lei nº 10.259/2001.

31 Também destes Juizados Especiais a competência é absoluta, nos termos do art. 2º, § 4º, da Lei nº 12.153/2009.

32 Com entendimento semelhante, defendendo a possibilidade de modificação de competência absoluta por concertação, MEIRELES, Edilton. *Cooperação judiciária como instrumento de controle judicial da competência adequada*. Londrina: Thoth, 2024, p. 174-179. Em sentido contrário, negando a possibilidade de modificação da competência absoluta por ato concertado, DIDIER JÚNIOR, Fredie. Ato concertado e centralização de processos repetitivos. *In*: DIDIER JR., Fredie; CABRAL, Antonio do Passo (coord.). *Cooperação judiciária nacional*. Salvador: JusPodivm, 2021. p. 238.

33 Em sentido contrário, admitindo a modificação de competências constitucionais em situações excepcionais, inclusive por meio de cooperação judiciária, MEIRELES, Edilton. *Cooperação judiciária como instrumento de controle judicial da competência adequada*. Londrina: Thoth, 2024, p. 180-198.

34 CÂMARA, Alexandre Freitas. *Manual de direito processual civil*. 3. ed. Barueri: Atlas, 2024. p. 54. Registro aqui que sempre defendi que o princípio do juiz natural é, na verdade, o princípio do *juízo constitucional*, de modo que, a meu sentir, as normas infraconstitucionais de determinação da competência não integram o âmbito de incidência desse princípio. Desse modo, só haveria violação ao princípio do juiz natural quando o processo se instaurasse perante órgão jurisdicional desprovido de "competência constitucional".

desprovido de competência constitucional para dele conhecer é violar, de forma flagrante e incontornável, o princípio constitucional do juiz natural e, por conseguinte, o modelo constitucional de processo.

Nada impede, porém, que por ato concertado seja construído um mecanismo que permita que do processo (ou dos processos, quando se tratar da concentração de vários) participe mais de um juízo, cada um com uma competência constitucional distinta, de modo que todos eles atuarão em conjunto na condução do processo e na elaboração de sua decisão.

Já houve casos de prática de ato de cooperação para prolação de votos em conjunto por dois integrantes do mesmo Tribunal.[35] Pois é perfeitamente possível que uma só decisão seja subscrita por dois (ou mais) magistrados, que podem inclusive ser de ramos distintos do Poder Judiciário, desde que isso seja o resultado de uma cooperação judiciária. Exemplo disso é o ato de cooperação que foi descrito no repertório de boas práticas processuais do Fórum Permanente de Processualistas Civis nos seguintes termos:

> **3. Cooperação entre tribunal de justiça e tribunal regional federal para a criação de Núcleos 4.0 em cada um dos tribunais, com compartilhamento de competências para processamento e julgamento de ações envolvendo vícios construtivos em imóveis financiados pelo Sistema Financeiro de Habitação.** (Grupo: Cooperação judiciária nacional – XI FPPC-Brasília)
>
> **Descrição:** O Supremo Tribunal Federal, no julgamento do RE nº 827.996/PR, em regime de repercussão geral (Tema 1.011), fixou a competência da Justiça Federal para o processamento e julgamento das causas em que se discute contrato de seguro vinculado à apólice pública, nas quais a Caixa Econômica Federal (CEF) atue em defesa do Fundo de Compensação de Variações Salariais (FCVS), devendo haver o deslocamento dos processos para o juízo federal a partir do momento em que a CEF ou a União, de forma espontânea ou provocada, indiquem o interesse em intervir na causa. Existem aproximadamente 7.000 processos na justiça estadual de Pernambuco que, em

---

35 O caso mais conhecido, sem sombra de dúvida, foi o voto assinado em coautoria pelos Ministros Luis Roberto Barroso e Gilmar Mendes (na ADI 7222). No TJRJ, há um caso também bastante conhecido: o voto assinado a quatro mãos pelos Desembargadores Natacha Nascimento Gomes Tostes Gonçalves de Oliveira e Paulo Wunder no acórdão que decidiu pela admissibilidade do IRDR 0024943-76.2023.8.19.0000.

sua maioria, deverão ser redistribuídos para as varas federais. Esses processos possuem, normalmente, pluralidade de autores. A intimação da CEF para análise e posterior manifestação do interesse em todos os processos não contribuiria para, em tempo razoável, haver o julgamento do mérito incluindo a atividade satisfativa (CPC, arts. 4º e 6º), muito menos para uma prestação eficiente da jurisdição. O TJPE e o TRF5 firmaram Termo de Cooperação para criação de Núcleos 4.0 (um federal e outro estadual), para onde os processos deverão ser encaminhados. Haverá a habilitação dos juízes em ambas as unidades para a prática dos seguintes atos: i) separação dos processos por empreendimentos imobiliários (conjuntos habitacionais); ii) realização de perícias por empreendimentos, independente se neles há processos de competência federal ou estadual; iii) homologação conjunta de acordos; iv) julgamento conjunto dos processos. Outros pontos importantes são a utilização da mesma versão do Pje, e a celebração de negócio jurídico processual entre as partes concordando com a tramitação dos processos nos Núcleos 4.0.

Dispositivos normativos concretizados: arts. 67-69, § 2º, VI, CPC; arts. 5º, I, e 6º, IV, X, XX, § 1º da Resolução nº 350 do CNJ e as Resoluções nº 385 e 398 do CNJ.

Órgãos envolvidos: Núcleos de Cooperação Judiciária do TJPE e do TRF da 5ª Região, Rede de Inteligência do TRF da 5ª Região, Centro de Inteligência do TJPE.

Responsáveis pela prática: Sílvio Neves Baptista Filho, Joana Carolina Lins Pereira e Marco Bruno Miranda Clementino.

Veja-se que um dos atos a serem praticados em conjunto pelos juízes (um federal e outro estadual) por força desse ato de cooperação consiste no *julgamento conjunto dos processos*. Haverá, aqui, então, uma só sentença, subscrita por um juiz estadual e um juiz federal. Pois a mesma técnica pode ser empregada em outros casos.

Figure-se, por exemplo, casos repetitivos que envolvam a discussão acerca da validade de determinada cláusula inserida em contratos bancários. Esse tipo de processo, ordinariamente, deverá tramitar na Justiça Estadual. Serão da competência da Justiça Federal, porém, aqueles em que a instituição financeira seja a Caixa Econômica Federal, por se tratar de empresa pública federal. A cooperação por concertação para concentração desses processos repetitivos em um só juízo deixaria de fora, então, os processos em que a Caixa Econômica Federal seja parte, o que

Cap. 5 – A cooperação por concertação | 81

é péssimo para o sistema jurídico. Afinal, a harmonização dos julgamentos não alcançará a CEF. A fim de evitar isso, é perfeitamente possível a criação, por ato concertado, de juízos "mistos", com a participação de um juiz estadual e um juiz federal, onde essas causas serão reunidas e julgadas em conjunto. Claro que isso terá impacto em grau de recurso, de modo que o termo de cooperação deverá prever, também, como será formado o órgão colegiado competente para atuar em segundo grau de jurisdição (o qual pode ser, também, um órgão híbrido, com desembargadores estaduais e federais).

Importante é perceber, porém, que o dogma da imutabilidade da competência absoluta caiu por terra, e o direito processual civil avançou em busca da construção de um sistema ainda mais eficiente, em que as causas devem sempre ser julgadas pelos órgãos dotados de competência adequada.

6

COMO SE FAZ A COOPERAÇÃO

Este é um capítulo inteiramente voltado à prática da cooperação judiciária nacional. O objetivo aqui é mostrar como os atos de cooperação podem ser praticados, com exemplos e minutas desses atos. Será dada preferência ao emprego dos modelos contidos nos Anexos da Resolução nº 350 do CNJ.

Vale aqui lembrar que, seja qual for a modalidade de cooperação, os atos praticados deverão ser documentados nos autos do processo em que essa cooperação se dará (Resolução nº 350 do CNJ, art. 5º, III). Assim, será necessária a juntada aos autos de todos os documentos gerados para que a cooperação se efetive.

Além disso, muitas vezes a cooperação gerará a necessidade da prática de atos administrativos, como aqueles que serão praticados pelos núcleos de cooperação judiciária dos tribunais. Para isso, far-se-á necessária a instauração de um processo administrativo, sendo usual o emprego, pelos tribunais, do sistema Sistema Eletrônico de Informações (SEI), que permite a produção, edição e assinatura de documentos e trâmite de processos por meio de uma plataforma virtual. O SEI foi desenvolvido originariamente pelo Tribunal Regional Federal da 4ª Região e cedido gratuitamente para todas as demais instituições públicas através do Processo Eletrônico Nacional (PEN).[1]

6.1. COMO SE FAZ UM ATO DE COOPERAÇÃO POR SOLICITAÇÃO (AUXÍLIO DIRETO)

A cooperação por solicitação se faz mediante a técnica do auxílio direto. Assim, basta ao juízo solicitante comunicar-se diretamente com o juízo solicitado, sem necessidade de qualquer intermediário. A sugestão do CNJ (Anexo I da Resolução nº 350) é que isso seja feito por e-mail, nos seguintes termos:

MODELO EXEMPLIFICATIVO DE PEDIDO DE COOPERAÇÃO POR AUXÍLIO DIRETO

Processo nº:

Solicitante: Juízo

Solicitado: Juízo

Senhor Magistrado,

Nos termos dos arts. 67 a 69 do Código de Processo Civil e da Resolução nº CNJ 350/2020, venho por este e-mail requerer seus préstimos para que... (DESCREVER O ATO A SER PRATICADO, COM INDICAÇÃO PRECISA DOS ELEMENTOS DE SUA DEFINIÇÃO).

Ex. 1. "...encaminhe informações sobre o andamento do processo de execução em face de EMPRESA TAL, indicando se existem bens penhorados e se há previsão para realização de leilão para sua expropriação".

Ex. 2. "proceda à intimação da testemunha (NOME DA TESTEMUNHA), endereço (LOCALIDADE), para comparecer à audiência na data (DATA), para prestar depoimento nos autos do processo no (NÚMERO DO PROCESSO) XXX, em trâmite nesta Comarca/Subseção Judiciária".

Ex. 3. "proceda à penhora no rosto dos autos da quantia de R$ (VALOR EM NUMERAL) (VALOR POR EXTENSO), anotando a reserva do crédito em favor de (NOME DO BENEFICIÁRIO), cujo crédito decorre de sentença condenatória nos autos do processo em epígrafe, em trâmite nesta Vara (ESPECIFICAR O JUÍZO)."

Ex. 4. "encaminhe cópia integral dos autos do processo nº (NÚMERO DO PROCESSO) XXX, em trâmite nesta Subseção Judiciária, a fim de instruir o processo em epígrafe".

---

1   Essas e outras informações sobre o SEI podem ser obtidas em: https://www.gov.br/iphan/pt-br/servicos/sei.

> Solicita-se que a providência seja cumprida como auxílio direto, podendo ser documentada e encaminhada por e-mail, bastando indicação do nome do servidor responsável pela providência solicitada e respectiva matrícula.
>
> Estamos à disposição para esclarecimento de quaisquer dúvidas e nos colocamos às ordens para cooperar com o i. colega em outras oportunidades.
>
> Data
>
> Assinatura do juízo solicitante

É preciso ter claro, porém, que o e-mail não é a única forma de se solicitar cooperação. Haverá mesmo casos em que essa não será a forma mais eficiente (já que muitas vezes os e-mails funcionais não são de fácil localização, ou nem são muito acessados por magistrados e servidores, além do risco de ser classificado como lixo eletrônico). É possível, então, usar outras técnicas, como o malote digital ou mesmo o encaminhamento de ofício impresso. Os termos da redação, claro, podem ser aproximadamente os mesmos.

Há, ainda, outra dificuldade a considerar. É que o juízo solicitado pode não ser de fácil determinação. Imagine-se, por exemplo, que o juízo solicitante precisa da cooperação de um juízo cível do fórum central da comarca de São Paulo. Há ali, porém, no Fórum João Mendes, 65 varas cíveis, e muitas vezes a solicitação não teria razão para ser dirigida a um juízo específico, mas teria de ser distribuída entre eles. Nesse caso, é fundamental a atuação dos núcleos e juízes de cooperação. Basta que o juízo solicitante encaminhe sua solicitação ao núcleo de cooperação de seu próprio tribunal, ou ao juiz de cooperação que atende a região em que localizada sua comarca, e este se encarregará de fazer contato com o núcleo de cooperação (ou com o juiz de cooperação) da localidade em que a cooperação deverá ser prestada, para que os atos necessários sejam praticados.

6.2. COMO SE FAZ UM ATO DE COOPERAÇÃO POR DELEGAÇÃO (AUXÍLIO DIRETO)

As técnicas a serem empregadas para a cooperação por delegação são as mesmas, já que também aqui se formula a solicitação por auxílio direto. Haverá, porém, certamente a necessidade de se adaptar a linguagem usada no texto. Assim, por exemplo, não se falará em *solicitar*, mas em *delegar* ou *determinar* a prática de certo ato processual. Cogite-se, aqui, um modelo:

MODELO EXEMPLIFICATIVO DE PEDIDO DE COOPERAÇÃO POR AUXÍLIO DIRETO

Processo nº:

Solicitante: Juízo

Solicitado: Juízo

Senhor Magistrado,

Nos termos dos arts. 67 a 69 do CPC e da Resolução nº CNJ 350/2020, venho por este e-mail requerer seus préstimos para que... (DESCREVER O ATO A SER PRATICADO, COM INDICAÇÃO PRECISA DOS ELEMENTOS DE SUA DEFINIÇÃO).

Ex. 1. "...providencie a colheita de prova pericial no processo da ação rescisória nº (NÚMERO DO PROCESSO), nos termos da decisão que segue anexa e do disposto no art. 972 do CPC, no prazo de 3 (três) meses a contar do recebimento deste".

Ex. 2. "providencie a intimação do apelado para oferecer contrarrazões à apelação (NÚMERO DO PROCESSO), na forma do disposto no art. 938, § 1º, do CPC".

Determina-se que a providência seja cumprida como auxílio direto, podendo ser documentada e encaminhada por e-mail, bastando indicação do nome do servidor responsável pela providência solicitada e respectiva matrícula. Estamos à disposição para esclarecimento de quaisquer dúvidas e nos colocamos às ordens para cooperar com o i. colega em outras oportunidades.

Data

Assinatura do juízo delegante

Todas as observações feitas acerca dos procedimentos, inclusive quanto à documentação dos atos de cooperação, no tópico destinado à cooperação por solicitação, aplicam-se também aqui, na cooperação por delegação.

6.3. COMO SE FAZ UM ATO DE COOPERAÇÃO POR CONJUNÇÃO (ATO CONJUNTO)

A realização de cooperação por conjunção depende da atuação de dois ou mais juízos na construção do conteúdo do ato conjunto. Aqui não se fala, portanto, em auxílio direto, já que não se trata de um juízo solicitar (ou delegar) a outro a prática de um ato. Daí a necessidade de atuar mediante o emprego de técnica distinta. Antes de tudo, vale examinar o modelo disponibilizado pelo CNJ (no anexo II da Resolução nº 350):

MODELOS EXEMPLIFICATIVOS DE DESPACHOS CONJUNTOS

Exemplo 1:

Processos nº: XXXX, YYYYY e ZZZZZ (NÚMEROS DOS PROCESSOS)

Com fundamento nos art. 67 a 69 do CPC, atuam os juízos signatários em cooperação, praticando este ato em conjunto.

Trata-se de demandas (RELATAR AS DEMANDAS)

Alega o autor que........

Sustenta o Requerido que........

Tendo em vista que........ (FUNDAMENTAR O PEDIDO DE COOPERAÇÃO, MENCIONANDO, POR EXEMPLO: EFICIÊNCIA PROCESSUAL (art. 8º do CPC), OBSERVÂNCIA DO PRINCÍPIO DA DURAÇÃO RAZOÁVEL DO PROCESSO (art. 5º, LXXVIII, da CRFB c/c art. 4º do CPC), ETC.

Em razão do exposto, determina-se:

(INDICAR COM PRECISÃO OS ATOS A SEREM PRATICADOS)

Junte-se cópia deste despacho conjunto em todos os processos abrangidos pela cooperação.

Intimem-se.

Data

Assinatura dos juízos cooperantes

Exemplo 2:

Processos nº: XXXX, YYYYY e ZZZZZ

Atuam os juízos signatários em cooperação (arts. 67 a 69 do CPC), praticando este ato em conjunto.

Trata-se de demandas similares, em que os autores afirmam que sofreram danos provocados pela construtora ré, em razão de defeitos na edificação do prédio do qual são condôminos. Alegam que tais vícios de construção provocaram rachaduras e vazamentos que colocam o edifício em risco de colapso. Em todos os processos, foi requerida perícia de engenharia para comprovar o comprometimento estrutural do prédio e identificar o responsável.

Tendo em vista tratar-se de perícia complexa e custosa, que teria que ser praticamente repetida em vários processos, seria ineficiente e demorado que se admitisse a produção da prova em cada um deles separadamente. Sendo assim, por ser medida de eficiência e economia processual (art. 8º do CPC), que favorece a duração razoável do processo (art. 5º, LXXVIII, da CRFB c/c o art.4º do CPC), determina-se:

1. Fica deferida a realização de exame pericial único, a ser realizado nos autos do processo XXXXX e posteriormente aproveitada para os demais processos acima relacionados;

2. Suspendam-se os processos YYYYY e ZZZZZ até o término da produção da prova, quando os laudos e todos os atos processuais relacionados poderão ser trasladados para esses autos;

3. Designa-se o perito FULANO...;

4. As partes deverão indicar quesitos no prazo legal, nos autos do processo XXXX;

5. Com a vinda da proposta de honorários, intimem-se os autores de todos os processos para se manifestarem, e depositar a quantia, a ser dividida *pro rata*; e

6. Junte-se cópia deste despacho conjunto em todos os processos abrangidos pela cooperação.

7. Intimem-se.

Data

Assinatura dos juízos cooperantes

Não é só através dos modelos do Anexo II da Resolução nº 350 que os atos conjuntos podem ser celebrados. Também aqui a forma é livre, de modo que outros modelos podem ser empregados. Já houve, por exemplo, caso concreto no Rio de Janeiro em que foi editado ato conjunto nos seguintes termos:

ATO CONJUNTO Nº 1/2023 ENTRE AS 3ª, 7ª, 13ª E 14ª VARAS DA FAZENDA PÚBLICA DA CAPITAL

CONSIDERANDO o princípio da cooperação, previsto no art. 6º do Código de Processo Civil;

CONSIDERANDO o dever de cooperação existente entre todos os órgãos do Poder Judiciário, previsto nos arts. 67 a 69 do Código de Processo Civil e na Resolução nº 350 do Conselho Nacional de Justiça;

CONSIDERANDO o princípio da eficiência, norma fundamental do processo civil brasileiro, nos termos do disposto no art. 8º do CPC;

CONSIDERANDO que a cooperação judiciária pode ser realizada para a prática de qualquer ato processual, como previsto no art. 68 do CPC;

CONSIDERANDO a possibilidade de realização de atos conjuntos, que podem ser praticados para disciplinar a cooperação entre órgãos jurisdicionais em torno de um ou alguns processos, ou a prática de

Cap. 6 – Como se faz a cooperação | 89

atos mais complexos relacionados a esses mesmos processos, na forma do art. 11 da Resolução nº 350 do CNJ;

CONSIDERANDO o dever do Estado de promover, sempre que possível, a solução consensual dos conflitos, na forma do art. 3º, § 2º, do CPC;

CONSIDERANDO o dever de estímulo à conciliação de todos os juízes, advogados, defensores públicos e membros do Ministério Público, a ser cumprido inclusive no curso do processo judicial, como estabelece o art. 3º, § 3º, do CPC;

Os Juízos de Direito das 3ª, 7ª, 13ª e 14ª Varas da Fazenda Pública da Comarca da Capital resolvem celebrar o seguinte **ato conjunto**:

1. Estão em curso, perante os juízos cooperantes, os seguintes processos entre partes (NOME DE UMA PARTE) e (NOME DA OUTRA PARTE): NÚMEROS DE TODOS OS PROCESSOS

2. Será realizada, mediante ato conjunto, uma audiência especial de conciliação, a qual será conduzida pelo Juízo de Direito da 3ª Vara da Fazenda Pública da Comarca da Capital.

3. O aludido ato conjunto não implica deslocamento de competência ou reunião de processos.

4. As partes serão intimadas pelo Juízo de Direito da 3ª Vara da Fazenda Pública da Comarca da Capital para participarem da audiência, ressaltando que a intimação do Ministério Público será feita na pessoa do Procurador Geral.

5. O Juízo de Direito da 3ª Vara da Fazenda Pública da Comarca da Capital comunicará aos demais juízos a data designada para a realização da audiência, e a partir desse momento todos os processos mencionados neste ato conjunto ficarão suspensos, aguardando o resultado do ato conjunto.

6. Durante a audiência, qualquer ato decisório será praticado pela Juíza de Direito Titular da 3ª Vara da Fazenda Pública da Comarca da Capital, e produzirá efeitos em todos os processos alcançados por este ato conjunto.

7. Sendo alcançada a autocomposição, a Juíza de Direito Titular da 3ª Vara da Fazenda Pública da Comarca da Capital fica autorizada a homologar, proferindo sentença, a qual produzirá efeitos em todos os processos alcançados por este ato conjunto, dela devendo ser juntada cópia em todos os autos.

8. Não sendo obtida a autocomposição, serão remetidas cópias dos termos de audiência para juntada nos autos de todos os processos alcançados por este ato conjunto, que voltarão a tramitar normalmente.

9. Fica determinada a publicação do presente ato conjunto no Diário Oficial, dele devendo ser juntada cópia nos autos de todos os processos por ele alcançados.

Rio de Janeiro, data

Assinaturas das juízas em exercício nos Juízos cooperantes

Esse ato conjunto por último transcrito é um exemplo perfeito, "de manual". É que ali todo o ato foi descrito, com a precisa indicação de quem praticaria cada ato processual, e ainda houve a preocupação com a publicidade (mediante sua divulgação pelo Diário Oficial) e a documentação (com a juntada de cópia do ato conjunto nos autos de todos os processos atingidos pelo ato conjunto.

Vale sempre lembrar, porém, que a forma do ato de cooperação é livre, de modo que os responsáveis por sua elaboração podem empregar as técnicas que reputarem mais adequadas para o caso concreto.

6.4. COMO SE FAZ UM ATO CONCERTADO DE COOPERAÇÃO (ATO CONCERTADO)

O ato concertado é, entre todos os atos de cooperação, o que tem a forma mais livre. E isso se deve ao fato de que as possibilidades de cooperação por concertação são incontáveis. É possível, por ato concertado, criar procedimentos para praticamente tudo no processo. Desde um procedimento para realização de citações até a concertação de julgamentos a serem feitos em conjunto por órgãos jurisdicionais distintos, passando por mecanismos de expropriação de bens, quase tudo pode ser feito por concertação. De todo modo, há um modelo (no Anexo III da Resolução 350 do CNJ) que serve de ponto de partida. É o seguinte:

MODELO EXEMPLIFICATIVO DE ATO CONCERTADO

Ato concertado no XX/XXXX (NUMERAÇÃO)

Juízos cooperantes: (INDICAR OS JUÍZOS EM COOPERAÇÃO)

Processos nº XXX (NUMERAÇÃO)

CONSIDERANDO os arts. 67 a 69 do Código de Processo Civil, que preveem mecanismos de cooperação entre órgãos do Poder Judiciário tanto para a prática de atividades administrativas quanto para o desempenho das funções jurisdicionais;

CONSIDERANDO a Resolução nº 350/2020 do Conselho Nacional de Justiça e seu respectivo anexo;

CONSIDERANDO que a Constituição da República prevê a observância do princípio da eficiência na administração pública (art. 37), aplicável à administração judiciária;

CONSIDERANDO que a Emenda Constitucional nº 45/2004 instituiu o princípio da duração razoável do processo (art. 5º, LXXVIII);

CONSIDERANDO que os arts. 6º e 8º do Código de Processo Civil (Lei nº 13.105/2015) consagraram os princípios da cooperação e da eficiência no processo civil;

CONSIDERANDO que a cooperação judiciária constitui mecanismo contemporâneo, desburocratizado e ágil para a prática de atos conjuntos, permitindo a obtenção de resultados mais eficientes;

CONSIDERANDO o que consta dos autos dos processos nº XXX (NUMERAÇÃO), em trâmite perante da Subseção Judiciária de YYYY, e nº ZZZ, da Comarca de NNNN;

CONSIDERANDO... (OUTROS CONSIDERANDA APLICÁVEIS AO CASO CONCRETO...).

Com fundamento nos arts. 67 a 69 do Código de Processo Civil, atuam os juízos signatários em cooperação, praticando este ato em conjunto.

Abrangência da concertação. (DESCREVER COM PRECISÃO O ATO A SER PRATICADO E SEUS OBJETIVOS)

Ex. 1: "Este ato concertado objetiva disciplinar a cooperação judiciária envolvendo processos individuais e/ou coletivos envolvendo a pandemia de Covid-19 que estejam tramitando nos limites territoriais dos juízos cooperantes e digam respeito a questões relacionadas ao direito à saúde".

Ex. 2: "Este ato concertado objetiva disciplinar a cooperação judiciária envolvendo os atos de expropriação envolvendo o bem imóvel Fazenda XXXXX, registrado no 1º Cartório de Registro de Imóveis da cidade de YYYY, atualmente penhorado e arrestado em processos que estão tramitando perante os juízos cooperantes".

Ex. 3: "Este ato concertado objetiva disciplinar a cooperação judiciária envolvendo os atos necessários para a produção de prova pericial única em todos os processos acima relacionados, nos termos seguintes".

Objeto da cooperação. (INDICAR O OBJETO DA COOPERAÇÃO, ESPECIFICANDO AS DETERMINAÇÕES E ATOS A SEREM PRATICADOS EM COOPERAÇÃO)

Ex. 1: "Determina-se que a prova pericial sobre a eficácia farmacológica do remédio TAL será produzida nos autos do processo YYYY, em trâmite no juízo da 3ª Vara Federal de XXXX, e aproveitada por todos os juízos cooperantes".

Ex. 2: "Define que o juízo da 3ª Vara Cível da Comarca de Salvador será o competente para proceder ao leilão do imóvel penhorado e o juízo da 5ª Vara Empresarial da Comarca de São Paulo será o competente para decidir as questões relacionadas ao concurso individual de credores".

Ex. 3: "Determina-se que a intimação da testemunha FULANO DE TAL, comum aos processos acima relacionados, será realizada pelo juízo da 1ª Vara do Trabalho, e a sua oitiva será realizada em ato único e conjunto, na data TAL, oportunidade em que será inquirida sucessivamente pelos juízos cooperantes".

Duração (INDICAR A VIGÊNCIA DO ATO CONCERTADO)

Ex. 1: "Este ato concertado vigerá até a prolação da decisão final pelo juízo da 3ª Vara Federal de Camaçari na ação coletiva no XXXX".

Ex. 2: "Este ato concertado vigerá até a definição da tese jurídica TAL pelo STF, ao concluir o julgamento do RE nº TAL".

Ex. 3: "A concertação exaure-se na prática do ato a que destina-da, devendo ser renovada se cabível e recomendável em outros processos".

Disposições finais.

Ex. 1: "Juntem-se cópias assinadas deste ato concertado aos autos de todos os processos por ele abrangidos".

Ex. 2: "Intimem-se".

Ex. 3: "Subscrevem este ato, anuindo com seus termos, o BANCO TAL, a União, o Estado da Bahia, dispensada, portanto, sua inti-mação".

Data

Assinatura dos juízos cooperantes

Pode-se fazer o ato concertado, porém, com redação bastante diferente. Não há, por exemplo, obrigatoriedade de que o ato contenha *consideranda*, embora seja recomendável que isso ocorra, como forma de justificação do ato praticado, o que se insere no dever de *accountability* dos órgãos jurisdicionais, que devem sempre prestar contas de seus atos. Essa justificativa, porém, pode estar no pronunciamento pelo qual o juízo determina a juntada do ato concertado aos autos, e não necessariamente no teor do ato concertado.

De outro lado, o conteúdo do ato vai variar enormemente em função da cooperação a ser realizada. Tome-se como exemplo esse ato concertado, celebrado por juízos de família do fórum regional da Barra da Tijuca, no Rio de Janeiro:

ATO CONCERTADO Nº 01/2021

JUÍZOS COOPERANTES: 1ª e 2ª Varas de Família do Fórum Regional da Barra da Tijuca – Comarca da Capital Rio de Janeiro

PROCESSOS: Envolvendo a mesma entidade familiar e distribuídos a partir deste ato para os juízos signatários.

CONSIDERANDO os arts. 67 a 69 do Código de Processo Civil, que preveem mecanismos de cooperação entre órgãos do Poder Judiciário tanto para a prática de atividades administrativas quanto para o desempenho das funções jurisdicionais;

CONSIDERANDO a Resolução nº 350/2020 do Conselho Nacional de Justiça e seu respectivo anexo, que estabelece eu seu art. 6º, inciso V, que os atos de cooperação poderão consistir "na definição do juízo competente para a decisão sobre questão comum ou questões semelhantes ou de algum modo relacionadas, respeitadas as regras constantes nos arts. 62 e 63 do Código de Processo Civil", guardando, tal dispositivo, fina sintonia com o princípio da competência adequada;

CONSIDERANDO a Resolução nº 8/2021 do Órgão Especial do TJRJ, que criou o Nucoop (Núcleo de Cooperação do Tribunal de Justiça do Rio de Janeiro) com vistas a incentivar, em prol dos princípios da celeridade, efetividade, economia processual e duração razoável do processo, a prática de atos concertados fundados no "compartilhamento de competências", a que se refere o art. 6º, V, da Resolução nº 350/2020 do Conselho Nacional de Justiça e seu respectivo anexo;

CONSIDERANDO que a Constituição da República prevê a observância do princípio da eficiência na administração pública (art. 37), aplicável à administração judiciária;

CONSIDERANDO que a Emenda Constitucional nº 45/2004 instituiu o princípio da duração razoável do processo (art. 5º, LXXVIII);

CONSIDERANDO que os arts. 6º e 8º do Código de Processo Civil (Lei nº 13.105/2015) consagraram os princípios da cooperação e da eficiência no processo civil;

CONSIDERANDO que a cooperação judiciária constitui mecanismo contemporâneo, desburocratizado e ágil para a prática de atos conjuntos, permitindo a obtenção de resultados mais eficientes;

CONSIDERANDO que a reunião de todos os processos em tramitação nas Varas de Família da Barra da Tijuca envolvendo uma mesma entidade familiar proporcionará maior celeridade, efetividade, duração razoável dos processos, possibilidade de autocomposição, por possibilitar uma visão mais abrangente do problema familiar, bem como evita a produção de atos processuais repetidos em feitos diversos.

Com fundamento nos arts. 67 a 69 do Código de Processo Civil, atuam os juízos signatários em cooperação, praticando este ato em conjunto.

ABRANGÊNCIA DA CONCERTAÇÃO: Este ato concertado objetiva disciplinar a cooperação judiciária entre os juízos signatários, com vistas a possibilitar a reunião de todos os processos de competência do juízo de família, envolvendo uma mesma entidade familiar e em tramitação no Fórum Regional da Barra da Tijuca, no juízo para o qual for distribuída a primeira demanda daquela entidade familiar para um dos juízos signatários, que terá, após o declínio, sua distribuição compensada pelo sistema de distribuição.

OBJETO DA COOPERAÇÃO: Na hipótese da existência de demandas diversas envolvendo a mesma entidade familiar, os juízos signatários se comprometem a declinar a competência para o juízo que recebeu a primeira demanda daquela entidade familiar, em sintonia com o princípio da competência adequada e da autorização do art. 6º, V, da Resolução nº 350/2020 do CNJ, a fim de que os processos sejam decididos pelo mesmo juízo, que atuará em sintonia com os princípios da celeridade, efetividade, duração razoável do processo e, em especial, a primazia da autocomposição por possibilitar uma visão completa dos problemas da entidade familiar como um todo, observando-se a compensação na distribuição efetivada pelo sistema do TJERJ.

DURAÇÃO: este ato concertado vigerá por prazo indeterminado a partir da data de sua assinatura pelos signatários, que será imediatamente comunicada ao Nucoop (Núcleo de Cooperação do Tribunal de Justiça do Rio de Janeiro) para as providências que este órgão entender cabíveis.

Rio de Janeiro, 22 de junho de 2021.

Milton Delgado Soares

Juiz de Direito Titular da 1ª Vara de Família da Barra da Tijuca

Sergio Roberto Emilio Louzada

Juiz de Direito Titular da 2ª Vara de Família da Barra da Tijuca

Sempre vale lembrar que esse ato concertado celebrado entre os Juízos da 1ª e da 2ª Varas de Família da Barra da Tijuca foi considerado, por votação unânime dos integrantes do FPPC, uma boa prática de cooperação judiciária.[2]

O que se vê, então, é que basta os juízos cooperantes, reunidos, estabelecerem um texto que descreva, com precisão, o objetivo da concertação, permitindo, assim, o conhecimento, por todos os interessados, do procedimento a ser observado para que a cooperação aconteça.

6.5. O PAPEL DOS NÚCLEOS DE COOPERAÇÃO E DOS JUÍZES DE COOPERAÇÃO

A Resolução nº 350 do CNJ regulou as funções dos juízes de cooperação e a criação, em cada Tribunal, dos Núcleos de Cooperação Judiciária.

O art. 17 da Resolução nº 350 determina que cada Tribunal criará um Núcleo de Cooperação Judiciária, "com a função de sugerir diretrizes gerais, harmonizar rotinas e procedimentos de cooperação, consolidar os dados e as boas práticas junto ao Tribunal". Essas, porém, são atribuições mínimas, e outras podem lhes ser conferidas.

Cada núcleo deve ser composto por um(a) desembargador(a) supervisor e por um(a) juiz(a) coordenador(a), ambos pertencentes ao quadro de magistrados de cooperação, podendo ser integrados também por servidores(as) do Poder Judiciário.[3] Os núcleos podem definir as funções dos(as) magistrados(as) de cooperação, dividindo-as em áreas geograficamente demarcadas (art. 19),[4] devendo essa divisão de funções ser comunicada ao Comitê Executivo da Rede Nacional de Cooperação Judiciária, para que conste de um cadastro nacional (art. 19, § 1º). Cabe aos núcleos realizar reuniões periódicas de seus integrantes, estimulando

---

2   Trata-se da boa prática nº 5 do FPPC, aprovada em 2023.

3   O Núcleo de Cooperação Judiciária do Tribunal de Justiça do Estado do Rio de Janeiro (Nucoop/TJRJ) foi criado pela Resolução nº 8/2021 do Órgão Especial daquele tribunal. Ao Desembargador Supervisor deu-se a denominação de Presidente do Nucoop. Desde a instalação daquele núcleo, tendo tido a honra de exercer esse cargo, tendo ao meu lado, como juiz coordenador, o Magistrado e Prof. Dr. Antonio Aurélio Abi-Ramia Duarte. O Nucoop/TJRJ conta, em sua atual estrutura, com um Desembargador, oito juízes(as) de cooperação e duas servidoras do Tribunal de Justiça.

4   No TJRJ, o Núcleo de Cooperação se dividiu em oito subnúcleos, cada um deles formado por diversas comarcas (com exceção do 1º Subnúcleo, que é formado apenas pela Comarca da Capital), e em cada um desses subnúcleos há um(a) juiz(a) de cooperação.

a cooperação com os demais núcleos (art. 19, § 2º). Cabe, também, a cada núcleo estabelecer os critérios e procedimentos para registro de dados relevantes e de boas práticas de cooperação judiciária (art. 19, § 3º).

Como dito, porém, essas são apenas as atribuições mínimas de um Núcleo de Cooperação Judiciária. Muitas outras podem ser-lhes atribuídas em cada tribunal, de acordo com suas características e necessidades. E é muito importante, enquanto não se cria uma cultura da cooperação judiciária nacional entre todos os integrantes do Poder Judiciário brasileiro, que os núcleos acumulem outras funções, atuando como vetores de impulsionamento da cooperação judiciária.

Na prática, é isso mesmo que tem acontecido. Os núcleos de cooperação muitas vezes têm sido procurados por magistrados e servidores que querem promover atos de cooperação, mas não sabem como fazê-lo. Têm sido também responsáveis por elaborar minutas de atos de cooperação, coordenar grupos de trabalho destinados a verificar a possibilidade de realização de atos de cooperação judiciária ou interinstitucional, e até mesmo de buscar promover a cultura da cooperação, através de reuniões, eventos ou mediante o desenvolvimento de políticas públicas de cooperação judiciária.

Exemplo dessa última hipótese é a elaboração, por núcleo de cooperação, de ato destinado a regulamentar a prática de cooperação judiciária por auxílio direto para a oitiva de partes e testemunhas em foro distinto daquele em que tramita o processo mediante o emprego de salas passivas, evitando-se desse modo a necessidade de expedição de cartas precatórias para esse fim.

Os Núcleos de Cooperação Judiciária de todos os tribunais se reúnem para formar a Rede Nacional de Cooperação (Resolução nº 350 do CNJ, art. 7º, II), composta também pelos magistrados de cooperação e por um Comitê Executivo (art. 7º, I e III). O Comitê Executivo tem sido responsável por ações extremamente importantes, como se pôde ver, por exemplo, pela elaboração de recomendação aos tribunais para respaldar uma atuação cooperativa junto aos órgãos do Poder Judiciário sediados no Rio Grande do Sul após a gigantesca catástrofe que se abateu sobre aquele Estado em maio de 2024.

7

O CONTROLE DOS ATOS DE COOPERAÇÃO OU DE RECUSA DA COOPERAÇÃO

O ato praticado pelo órgão jurisdicional, seja através do juiz ou do servidor, que efetiva a cooperação judiciária, ou o que recusa uma solicitação de cooperação, precisa estar sujeito a algum mecanismo de controle. Essa afirmação, permita-se dizer, é evidente. Afinal, está-se aí diante de atos estatais praticados em um Estado Democrático de Direito. E uma das exigências desse paradigma estatal é o dever dos agentes públicos de prestar contas à sociedade a que serve, responsabilizando-se perante ela (é o que se costuma designar pelo vocábulo inglês *accountability*).

O dispositivo constitucional que melhor conforma a *accountability* é a cláusula do Estado Democrático de Direito (art. 1º, *caput*, da Constituição da República de 1988). Por meio dela, manifesta-se o compromisso dos agentes estatais com as normas jurídicas previamente aprovadas pelos representantes eleitos, observando-se desse modo o princípio da legalidade; a impossibilidade de a condução da administração pública visar à satisfação exclusiva de interesses privados, de modo a respeitar o princípio da impessoalidade; a concorrência da vontade dos eleitores para a composição dos órgãos dirigentes do poder político; a preservação de instituições responsáveis pelo controle e repressão de atos ilícitos; bem como a proteção dos direitos e garantias fundamentais necessários para conhecimento da conduta dos agentes estatais, fiscalização e reprovação de seus atos, seja pela via eleitoral, seja mediante a provocação dos órgãos responsáveis pela investigação e aplicação de sanções.

Vê-se, pois, que os atos estatais, aí incluídos os praticados pelos integrantes do Poder Judiciário, têm de se submeter a algum tipo de controle. Afinal, como ensinava Taruffo, a *controlabilidade* é inerente ao Estado de Direito.[1] E com os atos de cooperação não pode ser diferente, já que são atos estatais. Impõe-se, porém, deixar clara uma distinção entre duas formas de controle: o administrativo e o judicial.

Como já se viu, pode haver ato de cooperação de natureza estritamente administrativa (como seria o caso do compartilhamento de pessoal). Esses atos podem ser controlados tanto por meio de processos administrativos, como por via judicial (uma vez que, como notório, o direito brasileiro admite o controle jurisdicional da Administração Pública). De outro lado, os atos de cooperação de natureza jurisdicional só podem ser submetidos a controle por via da jurisdição. É preciso, então, determinar como se dá esse controle, tanto por via administrativa como por via jurisdicional.

7.1. CONTROLE ADMINISTRATIVO

Repita-se, antes de tudo, o que acaba de ser dito: o controle administrativo só é possível quando se tratar de atos de cooperação de natureza administrativa (aí incluídos os atos de cooperação interinstitucional, que também são atos de administração).

Há, aqui, que se considerar a possibilidade de um controle preventivo. Grande parte dos atos de cooperação de natureza administrativa, especialmente os de natureza interinstitucional, são resultado de processos administrativos.[2] Passam por vários órgãos, do Poder Judiciário e de outras instituições (no caso das cooperações interinstitucionais), os quais ficam responsáveis não só pela

---

1 TARUFFO, Michele. *La motivazione della sentenza civile*. Pádua: Cedam, 1975, p. 405.

2 Esses processos costumam se desenvolver através da plataforma do Sistema Eletrônico de Informações (SEI), desenvolvida originariamente pelo TRF da 4ª Região, e que hoje é usada por todas as instituições públicas brasileiras.

elaboração do conteúdo do ato, mas por uma análise de sua constitucionalidade e legalidade. No TJRJ, por exemplo, não é incomum que esses processos administrativos passem pelo Núcleo de Cooperação Judiciária e sigam para análise de juízes auxiliares da presidência do tribunal de justiça, sendo posteriormente submetidos ao próprio presidente do tribunal, para que esse controle seja realizado.

Uma vez editado o ato, porém, é ainda possível o controle administrativo. Afirma Nilsiton Aragão que esse controle administrativo "pode se efetivar por meio de processos administrativos movidos perante a Presidência, a Corregedoria ou a órgão colegiado especificado no Regimento Interno do tribunal".[3] E acrescenta que "atualmente, os regramentos internos dos tribunais, na maior parte dos casos, não estão preparados para essas novas questões e talvez precisem evoluir para contemplar questões decorrentes da cooperação judiciária".[4]

É, então, perfeitamente possível que se instaure procedimento administrativo perante a presidência de um tribunal, perante sua corregedoria, ou perante um órgão colegiado (como o Conselho da Magistratura, por exemplo) para controle administrativo de atos de cooperação administrativa ou interinstitucional. No caso do TJRJ, o Conselho da Magistratura tem competência para exercer atividades de controle, supervisão e fiscalização sobre órgãos administrativos que integram a estrutura do Poder Judiciário (RITJRJ, art. 20, XVI), como é o caso do Núcleo de Cooperação Judiciária. É preciso, porém, concordar com Nilsiton Aragão quando afirma que os regimentos internos dos tribunais ainda precisam ser adaptados para que passem a prever mecanismos de controle administrativo dos atos de cooperação, inclusive com a previsão da competência para seu exercício, em grau originário ou recursal.

7.2. CONTROLE JURISDICIONAL

Mais importante, até pela sistemática jurídica brasileira, que sempre permite o controle jurisdicional de decisões administrativas,

---

3   ARAGÃO, Nilsiton Rodrigues de Andrade. A atuação dos sujeitos processuais da cooperação judiciária nacional. *In*: DIDIER JR., Fredie; CABRAL, Antonio do Passo (coord.). *Cooperação judiciária nacional*. Salvador: JusPodivm, 2021, p. 196.

4   ARAGÃO, Nilsiton Rodrigues de Andrade. A atuação dos sujeitos processuais da cooperação judiciária nacional. *In*: DIDIER JR., Fredie; CABRAL, Antonio do Passo (coord.). *Cooperação judiciária nacional*. Salvador: JusPodivm, 2021, p. 196.

é o controle da cooperação que se faz por meio do exercício da atividade jurisdicional. E aqui é preciso fazer uma distinção que não vem sendo feita pela doutrina: de um lado, há que se tratar do *controle jurisdicional da cooperação administrativa e interinstitucional* e, de outro, do *controle jurisdicional da cooperação jurisdicional.*

Os atos de cooperação administrativa e os de cooperação interinstitucional têm natureza de atos administrativos em sentido estrito. Não são contratos administrativos, dado que não há, aí, desequilíbrio entre os órgãos cooperantes, inexistindo cláusulas exorbitantes.[5] Pois sendo atos administrativos, sujeitam-se ao controle jurisdicional como qualquer outro ato administrativo, sendo possível o ajuizamento de demanda cujo objeto será sua invalidação.

Vale aqui lembrar que não cabe ao Poder Judiciário, no exercício do controle jurisdicional do ato administrativo, substituir a vontade da administração pela sua própria. O controle do ato administrativo que se exerce por via jurisdicional é, tão somente, um controle de validade do ato administrativo, não se admitindo (salvo em situações absolutamente excepcionais, e que aqui não vêm ao caso) que o órgão jurisdicional substitua a decisão administrativa por uma decisão sua.[6]

Pode-se pensar, por exemplo, no caso de um ato de cooperação interinstitucional que atribua ao Poder Executivo Municipal a função de promover a penhora e o depósito de bens do executado em processos de execução fiscal. Isso daria ao exequente (o próprio município) uma proteção desproporcional em relação ao executado, o que poderia ser considerado violador das garantias constitucionais do processo. Possível aí, então, promover-se o controle jurisdicional do ato de cooperação.

Esse controle pode ser feito por qualquer via processual idônea, sendo possível cogitar-se de mecanismos como o mandado de segurança (individual ou coletivo), a ação popular, a ação civil pública e, a depender do conteúdo do ato, até mesmo de processos de controle direto de constitucionalidade (dado o inegável caráter de ato normativo que esses atos de cooperação têm).

---

5   Afirmando ser o desequilíbrio uma das características do contrato administrativo, OLIVEIRA, Rafael Carvalho Rezende. *Curso de direito administrativo.* 12. ed. Rio de Janeiro: Método, 2024, p. 494.

6   ARAGÃO, Alexandre Santos de. *Curso de direito administrativo.* 2. ed. Rio de Janeiro: Forense, 2013, p. 629-630.

CAP. 7 – O CONTROLE DOS ATOS DE COOPERAÇÃO OU DE RECUSA DA COOPERAÇÃO | **101**

De outro lado, é preciso falar sobre o controle jurisdicional da cooperação jurisdicional. E é aqui que se encontra o campo mais importante de incidência do art. 9º, parágrafo único, da Resolução nº 350 do CNJ, segundo o qual "os atos de cooperação poderão ser objeto de impugnação pelos meios previstos na legislação processual".

Atos de cooperação jurisdicional envolvem, basicamente, o tema da competência. Seja no caso da cooperação por solicitação, por delegação, por conjunção ou por concertação, haverá a determinação do juízo competente para a prática de um ou mais atos processuais, ou para o desenvolvimento de todo o processo. E por isso é preciso distinguir o ato de cooperação do ato processual que é praticado a partir da cooperação.[7] Assim, por exemplo, não se confunde o ato pelo qual diversos juízos estabelecem que será realizada uma audiência única para diversos processos, a ser presidida por um desses juízos, com a realização da audiência propriamente dita.

Pois aqui o que importa é saber como se dá a impugnação do ato de cooperação, e não do ato processual que dele resulta. Observando o exemplo anteriormente figurado, se na audiência conjunta o juízo proferir uma sentença para diversos processos, essa sentença será impugnável por apelação, daí não resultando qualquer dificuldade. A questão que aqui se põe, porém, é outra: como impugnar o ato que determinou a realização da audiência conjunta?

Outro exemplo pode ser figurado: pense-se em um caso de cooperação por concertação, em que diversos juízos deliberam concentrar, em um só juízo, diversos processos repetitivos. Não se trata, aqui, de verificar como se dará a impugnação dos atos que venham a ser praticados pelo juízo em que esses processos serão concentrados, os quais serão atacados pelas vias recursais próprias. O ponto aqui é determinar como se impugna o ato concertado que estabeleceu a reunião dos processos naquele determinado juízo.

É que alguma das partes envolvidas pode considerar, por exemplo, que não era caso de haver essa reunião, ou que o juízo escolhido não é o dotado de competência adequada para concentrar os processos, ou mesmo que o processo de que essa parte participa

---

7 ARAGÃO, Nilsiton Rodrigues de Andrade. *A atuação dos sujeitos processuais na cooperação judiciária nacional. In*: DIDIER JR., Fredie; CABRAL, Antonio do Passo (coord.). *Cooperação judiciária nacional.* Salvador: JusPodivm, 2021, p. 194.

não deveria ser reunido aos demais. Pois nesses casos, como se dá a impugnação? Essa a questão a ser resolvida.

Pense-se, por exemplo, num caso de cooperação por concertação para reunião, em um único juízo estadual, de demandas repetitivas que versem sobre determinada espécie de contrato bancário. Pois pode acontecer de esse ato de cooperação ter envolvido também a Justiça Federal, com o encaminhamento, para a Justiça Estadual, de processos em que seja parte a Caixa Econômica Federal. Isso, porém, implicaria modificação de competência constitucional – o que, como visto anteriormente, não é admissível, sendo um limite à cooperação judiciária –, de modo que se deve admitir, nesse caso, que exista algum mecanismo de controle à disposição das partes interessadas.

Há, na doutrina, quem sugira o cabimento de recurso em casos assim, seja o agravo de instrumento,[8] o que dependeria da "mitigação da taxatividade" dos casos de cabimento do agravo de instrumento, com base no Tema Repetitivo nº 988 do Superior Tribunal de Justiça, seja a apelação.[9] É preciso, porém, fazer-se uma distinção.

Haverá casos em que todos os juízos cooperantes estarão de acordo quanto à atribuição a um deles da competência. Nesses casos, será preciso admitir a interposição de recurso contra o ato de cooperação que atribuiu essa competência a um deles. Em tese, esse recurso deveria ser a apelação, já que não se está aí diante de alguma das hipóteses previstas no rol taxativo do art. 1.015 do CPC (ressalvados, claro, os casos em que incida o parágrafo único do mesmo artigo, como se daria no caso de cooperação para concentração, em um só juízo, de procedimentos executivos contra o mesmo devedor). Não se pode, porém, afastar o cabimento, na prática, do agravo de instrumento, por força da "taxatividade mitigada" que o STJ reconheceu através de julgamento dotado de eficácia vinculante.[10]

---

8   FERREIRA, Gabriela Macedo. O ato concertado entre juízes cooperantes. *In*: DIDIER JR., Fredie; CABRAL, Antonio do Passo (coord.). *Cooperação judiciária nacional*. Salvador: JusPodivm, 2021, p. 276.

9   MEIRELES, Edilton. Cooperação judiciária nacional. *Revista de Processo*, v. 40, n. 249, p. 6, nov. 2015.

10   Manifesto aqui, uma vez mais, minha divergência em relação a esse entendimento do STJ, que me parece contrário à lei, mas registro que, como julgador, o tenho aplicado, em razão de sua eficácia vinculante a que, nessa qualidade – mas não na de acadêmico e pesquisador – me submeto.

Há, aqui, porém, um problema. É que pode ter havido cooperação entre juízos integrantes de estruturas jurisdicionais distintas (como seria o caso de cooperação entre juízos estaduais e federais, ou entre juízos estaduais de Estados diferentes). E aí deveria se determinar qual o Tribunal competente para julgar o recurso. Afinal, não parece possível atribuir-se a um Tribunal Regional Federal competência para rever atos de juízos estaduais, ou se atribuir a um Tribunal de Justiça competência para rever ato praticado por juízo subordinado a Tribunal de Justiça de outra unidade da Federação. Pois aqui se está, realmente, diante de um problema, já que o ordenamento processual não contém regras que permitam definir essa competência. A solução poderia passar por um novo ato de cooperação, com a criação de um órgão jurisdicional "híbrido", composto por integrantes de todos os tribunais envolvidos na cooperação (por exemplo, uma "câmara híbrida" composta por integrantes de mais de um Tribunal de Justiça, ou de Tribunais Regionais Federais e Tribunais de Justiça Estaduais). Outra possibilidade seria a criação, pelos tribunais em cujo âmbito se dá a cooperação, de um órgão com a função de, gerenciando a cooperação, deliberar sobre a matéria. Essa é uma sugestão inspirada no modelo do *multidistrict ligation*, existente no sistema processual norte-americano.[11]

É o caso, por exemplo, de se atribuir à Comissão de Juizados Especiais dos Tribunais de Justiça a função de determinar qual será o juízo em que serão reunidas execuções em trâmite perante diversos Juizados Especiais Cíveis contra o mesmo executado. Ou de se atribuir ao Núcleo de Cooperação Judiciária do Tribunal a função de apreciar e solucionar esses casos. E quando houver mais de um Tribunal envolvido, poderá haver a atuação de um

---

11 A sugestão aqui apresentada pode ser encontrada em ARAGÃO, Nilsiton Rodrigues de Andrade. Potencialidades e limites da cooperação judiciária nacional. *In*: DIDIER JR., Fredie; CABRAL, Antonio do Passo (coord.). *Cooperação judiciária nacional.* Salvador: JusPodivm, 2021, p. 214, e é acolhida também por MEIRELES, Edilton. *Cooperação judiciária como instrumento de controle judicial da competência adequada.* Londrina: Thoth, 2024, p. 201. Anote-se que no sistema do *multidistrict litigation* há uma identificação de casos que contêm similitude fática suficiente para justificar a centralização de processos perante um único juízo para a prática de atos probatórios, de forma a ampliar a eficiência e a justiça da solução desses casos. Confira-se, sobre o tema, BURCH, Elizabeth Chamblee; WILLIAMS, Margaret S. Judicial adjuncts in multidistrict litigation. *Columbia Law Review*, v. 120, p. 2.132, 2021.

colegiado híbrido ou do Comitê Executivo da Rede Nacional de Cooperação Judiciária.

O ideal, porém, seria a realização de uma reforma legislativa, a fim de se determinar com clareza qual a solução adequada para esse tipo de questão, que pode surgir com frequência na prática forense.

De todo modo, não se pode deixar de acrescentar que, no caso de controle por via recursal, pode acontecer de se impugnar um ato judicial que tenha rejeitado a prática de ato de cooperação e, sendo provido o recurso, vir-se a determinar que a cooperação seja realizada. Essa possibilidade, evidentemente, decorre da circunstância de que cooperar é um *dever jurídico*, e não mera faculdade do juiz (e a recíproca é verdadeira, sendo possível que o Tribunal entenda não ser caso de cooperação quando o juízo inferior pretendia realizá-la).

Outros casos haverá, porém, em que surgirá conflito de competência. É o que se tem, por exemplo, quando um juízo propõe a outro a prática de ato de cooperação para reunião de processos, e esse segundo juízo se recusa a cooperar, caso em que se manifesta a hipótese prevista no art. 66, III, do CPC. Também pode ocorrer algum caso em que os juízos estão de acordo quanto à necessidade de cooperar, mas não chegam a um consenso sobre qual deverá ser o juízo competente para a prática de determinado ato, ou para a condução de certo(s) processo(s). Nesses casos, poderá estar presente a hipótese do inciso I do art. 66 do CPC (quando dois ou mais juízos se considerarem dotados de competência adequada para os atos que resultam da cooperação), ou a do inciso II (quando dois ou mais juízos se considerarem incompetentes, atribuindo a outro essa competência).

O mecanismo processual para controle desses atos é, por excelência, o conflito de competência.[12] Esse conflito tanto poderá ser suscitado por algum dos juízos em conflito, como por qualquer das partes ou pelo Ministério Público (nos casos em que este atue). E através do conflito de competência será definido se haverá ou não a cooperação e, caso esta ocorra, qual será o juízo competente para a prática dos atos que dela decorram.

---

12 Em sentido assemelhado, MEIRELES, Edilton. *Cooperação judiciária como instrumento de controle judicial da competência adequada.* Londrina: Thoth, 2024, p. 201-203.

8

CONCLUSÃO

A cooperação judiciária nacional não é o futuro da atividade jurisdicional. É o presente! Hoje, através dela, já se tem conseguido implementar mecanismos capazes de ampliar de forma significativa a eficiência da atividade jurisdicional, seja por meio da cooperação jurisdicional propriamente dita, seja por intermédio de atos de cooperação administrativa ou interinstitucional que dão apoio à jurisdição.

É preciso avançar muito mais, porém. Nada é mais importante, neste momento, do que a difusão da *cultura da cooperação judiciária*. O papel da academia é fundamental nisso, com a realização de eventos, simpósios, congressos, e com a publicação de artigos e livros como este. Assim, consegue-se difundir a cooperação judiciária. Mas não é só da academia esse papel. Os tribunais têm um papel muito importante a cumprir. A instalação e valorização dos Núcleos de Cooperação Judiciária, por exemplo, pode contribuir muito para a valorização da cultura da cooperação. A atuação da alta administração dos tribunais, celebrando atos de cooperação interinstitucional, e normatizando a prática de atos de cooperação, dá respaldo aos magistrados e servidores, que se sentem assim estimulados a cooperar. E a cooperação é contagiosa (obrigado, professor Antônio do Passo Cabral, por essa afirmação absolutamente correta). Quando um magistrado ou servidor pratica um ato de cooperação e vê seus resultados, não só tende a cooperar cada vez mais, como ainda se transforma em um difusor da cultura da cooperação, estimulando outros colegas a cooperar. E assim vai se ampliando esse ambiente cada vez mais favorável à cooperação judiciária nacional.

Não consigo mais imaginar o ambiente do direito processual sem ver nele a cooperação judiciária. A oportunidade que tenho tido de estar à frente do Núcleo de Cooperação Judiciária do Tribunal de Justiça do Estado do Rio de Janeiro e de integrar o Comitê Executivo da Rede Nacional de Cooperação, junto ao Conselho Nacional de Justiça, me deu um novo ânimo para atuar na Magistratura e para me dedicar aos estudos científicos do direito processual. Tenho percebido que a cooperação se faz presente em tudo o que faço profissionalmente. Até mesmo quando vou proferir uma palestra sobre um tema dogmático tradicional, acabo, de forma quase inconsciente, a falar sobre cooperação. Já houve caso de, ministrando um curso sobre execução para magistrados da Justiça Estadual de Rondônia, passar algum tempo falando sobre a possibilidade de incremento da eficiência da execução através da prática de atos de cooperação judiciária.

Concluo este pequeno livro com uma profissão de fé e esperança: que, através da cooperação judiciária, o povo brasileiro, tão sedento de acesso à justiça, tenha no Poder Judiciário uma instituição capaz de lhe fornecer aquilo a que faz jus: uma atividade jurisdicional eficiente, capaz de proporcionar resultados juridicamente corretos em tempo razoável. Só assim haverá, na prática, aquilo que a Constituição da República prometeu: um *devido processo.*

Anexo 1

RESOLUÇÃO Nº 350, DE 27 DE OUTUBRO DE 2020

Estabelece diretrizes e procedimentos sobre a cooperação judiciária nacional entre os órgãos do Poder Judiciário e outras instituições e entidades, e dá outras providências.

O PRESIDENTE DO CONSELHO NACIONAL DE JUSTIÇA, no uso de suas atribuições legais e regimentais,

CONSIDERANDO que cabe ao Conselho Nacional de Justiça a função de planejamento estratégico do Poder Judiciário, podendo regulamentar a administração judiciária, nos termos do art. 103-B, § 4º, I, da Constituição da República;

CONSIDERANDO o Pacto Federativo e as competências jurisdicionais referentes à Justiça Federal, à Justiça do Trabalho, à Justiça Eleitoral, à Justiça Militar e à Justiça Estadual previstas, respectivamente, nos arts. 1º, *caput*; 5º, LXXVIII; 37, *caput*; 106 e seguintes; 111 e seguintes; 118 e seguintes, todos da Constituição da República;

CONSIDERANDO o princípio constitucional da eficiência na administração pública (art. 37 da Constituição Federal), aplicável à administração judiciária, e a importância do processo de desburocratização instituído pela Lei nº 13.726/2018, ao serviço público nacional;

CONSIDERANDO o princípio da duração razoável do processo, instituído pela Emenda Constitucional nº 45/2004 (art. 5º, LXXVIII);

CONSIDERANDO os arts. 6º e 8º da Lei nº 13.105/2015 – Código de Processo Civil –, que consagram os princípios da cooperação e da eficiência no processo civil, bem como os arts. 67 a 69, que preveem os mecanismos de cooperação entre órgãos do Poder Judiciário para a realização de atividades administrativas e para o exercício das funções jurisdicionais;

CONSIDERANDO a Recomendação CNJ nº 38/2011, e seu respectivo anexo, que previu mecanismos para a cooperação judiciária entre os órgãos do Poder Judiciário, a merecer adensamento normativo, em especial diante das leis federais que entraram em vigor após a publicação da referida Recomendação;

CONSIDERANDO que a cooperação judiciária, em especial por meio de auxílio direto, constitui mecanismo contemporâneo, desburocratizado e ágil para o cumprimento de atos judiciais fora da esfera de competência do juízo requerente ou em interseção com ele;

CONSIDERANDO que os atos conjuntos e concertados entre os juízos cooperantes são instrumento de gestão processual, permitindo a coordenação de funções e o compartilhamento de competências;

CONSIDERANDO a decisão plenária tomada no julgamento do Ato Normativo no 0006094-90.2020.2.00.0000, na 75ª Sessão Virtual, realizada em 16 de outubro de 2020;

RESOLVE:

CAPITULO I
DAS DISPOSIÇÕES GERAIS SOBRE A COOPERAÇÃO NACIONAL

Art. 1º Esta Resolução dispõe sobre a cooperação judiciária nacional, para a realização de atividades administrativas e para o exercício das funções jurisdicionais, abrangendo as seguintes dimensões: (redação dada pela Resolução nº 436, de 28.10.2021)

I – a cooperação ativa, passiva e simultânea entre os órgãos do Poder Judiciário, no âmbito das respectivas competências, observados o princípio do juiz natural e as atribuições administrativas (arts. 67 a 69, CPC); e

II – a cooperação interinstitucional entre os órgãos do Poder Judiciário e outras instituições e entidades, integrantes ou não do sistema de justiça, que possam, direta ou indiretamente, contribuir para a administração da justiça.

Art. 2º Aos órgãos do Poder Judiciário, estadual ou federal, especializado ou comum, em todas as instâncias e graus de jurisdição, inclusive aos tribunais superiores, incumbe o dever de recíproca cooperação, por meio de seus magistrados e servidores, a fim de incrementar mutuamente a eficiência de suas atividades.

Art. 3º Os juízos poderão formular entre si pedido de cooperação para a prática de qualquer ato processual, intimando-se as partes do processo.

Art. 4º A cooperação judiciária pode realizar-se por concertação entre os juízos. Parágrafo único. A concertação vincula apenas os órgãos judiciários que dela participaram.

Art. 5º A cooperação judiciária nacional:

I – pode ser realizada entre órgãos jurisdicionais de diferentes ramos do Poder Judiciário;

II – pode ser instrumentalizada por auxílio direto, atos concertados, atos conjuntos e outros instrumentos adequados;

III – deve ser documentada nos autos, observadas as garantias fundamentais do processo;

IV – deve ser realizada de forma fundamentada, objetiva e imparcial; e

V – deve ser comunicada às partes do processo.

Parágrafo único. As cartas de ordem e precatória seguirão o regime previsto no Código de Processo Civil.

Art. 6º Além de outros definidos consensualmente, os atos de cooperação poderão consistir:

I – na prática de quaisquer atos de comunicação processual, podendo versar sobre a comunicação conjunta a pessoa cuja participação seja necessária em diversos processos;

II – na prestação e troca de informações relevantes para a solução dos processos;

III – na redação de manuais de atuação, rotinas administrativas, diretrizes gerais para a conduta dos sujeitos do processo e dos servidores públicos responsáveis por atuar em mecanismos de gestão coordenada;

IV – na reunião ou apensamento de processos, inclusive a reunião de execuções contra um mesmo devedor em um único juízo;

V – na definição do juízo competente para a decisão sobre questão comum ou questões semelhantes ou de algum modo relacionadas, respeitadas as regras constantes nos arts. 62 e 63 do Código de Processo Civil;

VI – na obtenção e apresentação de provas, na coleta de depoimentos e meios para o compartilhamento de seu teor;

VII – na produção de prova única relativa a fato comum;

VIII – na efetivação de medidas e providências para recuperação e preservação de empresas;

IX – na facilitação de habilitação de créditos na falência e na recuperação judicial;

X – na disciplina da gestão dos processos repetitivos, inclusive da respectiva centralização (art. 69, § 2º, VI, do Código de Processo Civil), e da realização de mutirões para sua adequada tramitação;

XI – na efetivação de tutela provisória ou na execução de decisão jurisdicional;

XII – na investigação patrimonial, busca por bens e realização prática de penhora, arrecadação, indisponibilidade ou qualquer outro tipo de constrição judicial;

XIII – na regulação de procedimento expropriatório de bem penhorado ou dado em garantia em diversos processos;

XIV – no traslado de pessoas;

XV – na transferência de presos;

XVI – na transferência de bens e de valores;

XVII – no acautelamento e gestão de bens e valores apreendidos;

XVIII – no compartilhamento temporário de equipe de auxiliares da justiça, inclusive de servidores públicos;

XIX – na efetivação de medidas e providências referentes a práticas consensuais de resolução de conflitos;

XX – no compartilhamento de infraestrutura, tecnologia e informação, respeitada a legislação de proteção de dados pessoais; (incluído pela Resolução nº 436, de 28.10.2021)

XXI – na transferência interestadual ou intermunicipal de crianças e adolescentes ameaçados(as) de morte e inseridos(as) no Programa de Proteção a Crianças e Adolescentes Ameaçados de Morte (PPCAAM). (incluído pela Resolução nº 498, de 4.5.2023)

XXI – na formulação de consulta dirigida a outro magistrado ou órgão do Poder Judiciário (incluindo comitês, comissões e grupos de trabalho instituídos em seu âmbito) ou, ainda, no caso de cooperação interinstitucional, a pessoa, órgão, instituição ou entidade externa ao Judiciário, solicitando manifestação ou opinião em resposta, facultada a participação do consultor no processo, a critério do juízo consulente; (redação dada pela Resolução nº 499/2023)

§ 1º Os tribunais e juízes(as) poderão adotar a cooperação judiciária como estratégia para implementação das políticas nacionais do Poder Judiciário. (redação dada pela Resolução nº 436, de 28.10.2021)

§ 2º Caberá ao CNJ, com o apoio técnico do Departamento de Monitoramento e Fiscalização do Sistema Carcerário e Socioeducativo, propor ato normativo regulamentando a transferência de presos(as), no prazo de 180 dias. (redação dada pela Resolução nº 436, de 28.10.2021)

Art. 7º A Rede Nacional de Cooperação Judiciária é composta pelo(s):

I – Magistrados(as) de Cooperação Judiciária; (redação dada pela Resolução nº 436, de 28.10.2021)

II – Núcleos de Cooperação Judiciária de cada um dos tribunais brasileiros; e

III – Comitê Executivo da Rede Nacional de Cooperação Judiciária, instituído pelo CNJ.

§ 1º O Supremo Tribunal Federal e os Tribunais Superiores poderão aderir à Rede Nacional de Cooperação Judiciária.

§ 2º Os órgãos judiciários de todos os ramos com sede em um mesmo estado da Federação poderão articular-se em Comitês Executivos Estaduais compostos por representantes de cada um dos ramos do Poder Judiciário.

CAPÍTULO II
DOS PEDIDOS DE COOPERAÇÃO E DOS ATOS CONCERTADOS E CONJUNTOS

Art. 8º O pedido de cooperação judiciária deve ser prontamente atendido, prescinde de forma específica e pode ser executado por auxílio direto (Anexo I) e por atos conjuntos (Anexo II) ou concertados (Anexo III) entre os(as) magistrados(as) cooperantes. (redação dada pela Resolução nº 436, de 28.10.2021)

§ 1º O processamento dos pedidos de cooperação será informado pelos princípios da celeridade, da concisão, da instrumentalidade das formas e da unidade da jurisdição nacional, dando-se prioridade ao uso dos meios eletrônicos.

§ 2º Os atos e pedidos de cooperação judiciária deverão ser realizados de forma fundamentada, objetiva e imparcial.

§ 3º Na forma do art. 357, § 1º, do Código de Processo Civil, as partes poderão também requerer esclarecimentos e solicitar ajustes nos atos de cooperação praticados.

§ 4º Fica deferida às partes e às pessoas naturais ou jurídicas, órgãos ou entidades especializadas, com representatividade adequada, requerer ao juízo a realização de ato de cooperação para as hipóteses previstas nesta Resolução.

Art. 9º Os juízos cooperantes, quando a complexidade da matéria recomendar, poderão intimar as partes a se manifestarem acerca do ato de cooperação a ser praticado.

Parágrafo único. Os atos de cooperação poderão ser objeto de impugnação pelos meios previstos na legislação processual.

Art. 10. Os pedidos de cooperação judiciária serão encaminhados diretamente entre os(as) juízes(as) cooperantes ou poderão ser remetidos por meio do(a) Magistrado(a) de Cooperação. (redação dada pela Resolução nº 436, de 28.10.2021)

Art. 11. Os atos conjuntos e concertados são adequados para disciplinar a cooperação entre órgãos jurisdicionais em torno de um ou alguns processos, ou a prática de atos mais complexos relacionados a esses mesmos processos.

§ 1º Observadas as normas fundamentais do processo, o ajuste celebrado para a prática de atos de cooperação deve ser assinado pelos juízes cooperantes, e o instrumento consensual será juntado aos autos dos processos a ele relacionados previamente à prática dos atos de cooperação.

§ 2º O termo de ajuste deve ser redigido de modo claro e conciso, com identificação precisa das competências dos juízes cooperantes e indicação das fontes de custeio para a prática dos atos descritos, quando necessário.

§ 3º Os atos de cooperação podem ser revistos e adaptados a qualquer tempo pelos juízes cooperantes, preservados os atos praticados com base na concertação anterior.

§ 4º Os atos de cooperação devem ser informados ao(à) Magistrado(a) de Cooperação, para adequada publicidade, e este(a) remeterá a informação ao respectivo Núcleo de Cooperação Judiciária. (redação dada pela Resolução nº 436, de 28.10.2021)

§ 5º Os atos de cooperação celebrados por juízes de ramos distintos do Poder Judiciário devem ser informados aos respectivos tribunais, para conhecimento.

CAPÍTULO III
DO(A) MAGISTRADO(A) DE COOPERAÇÃO JUDICIÁRIA
(redação dada pela Resolução nº 436, de 28.10.2021)

Art. 12. Cada tribunal, por seus órgãos competentes, designará um(a) ou mais magistrados(as) para atuarem como Magistrados(as) de Cooperação, também denominados(as) de ponto de contato. (redação dada pela Resolução nº 436, de 28.10.2021)

§ 1º Os tribunais deverão comunicar ao Conselheiro do CNJ, Coordenador do Comitê Executivo da Rede Nacional de Cooperação Judiciária, no prazo de dez dias, sempre que houver alteração no rol dos magistrados de cooperação, informando o nome, o cargo, a função e os contatos telefônicos e eletrônicos do novo ponto de contato.

§ 2º Os tribunais disciplinarão as suas regras de escolha e o prazo da designação do magistrado para essa função.

§ 3º Os tribunais poderão designar também magistrados de cooperação de segundo grau.

Art. 13. Os(As) Magistrados(as) de Cooperação terão a função de facilitar a prática de atos de cooperação judiciária e integrarão a Rede Nacional de Cooperação Judiciária. (redação dada pela Resolução nº 436, de 28.10.2021)

§ 1º Os(As) Magistrados(as) de Cooperação poderão atuar em seções, subseções, comarcas, foros, polos regionais ou em unidades jurisdicionais especializadas, sendo sua esfera de atuação definida por cada tribunal. (redação dada pela Resolução nº 436, de 28.10.2021)

§ 2º Observado o volume de trabalho, o(a) Magistrado(a) de Cooperação poderá cumular a função de intermediação da cooperação com a jurisdicional ordinária, ou ser designado(a) em caráter exclusivo para o desempenho de tal função. (redação dada pela Resolução nº 436, de 28.10.2021)

Art. 14. O(A) Magistrado(a) de Cooperação tem por atribuições específicas: (redação dada pela Resolução nº 436, de 28.10.2021)

I – identificar soluções para os problemas que possam surgir no processamento de pedido de cooperação judiciária;

II – facilitar a coordenação do tratamento dos pedidos de cooperação judiciária no âmbito do respectivo tribunal;

III – fornecer todas as informações necessárias a permitir a elaboração eficaz de pedido de cooperação judiciária, bem como estabelecer contatos diretos entre os diversos órgãos e juízes;

IV – intermediar o concerto de atos entre magistrados(as) cooperantes e ajudar na solução dos problemas dele decorrentes; (redação dada pela Resolução nº 436, de 28.10.2021)

V – comunicar ao Núcleo de Cooperação Judiciária a prática de atos de cooperação, quando os(as) magistrados(as) cooperantes não o tiverem feito; (redação dada pela Resolução nº 436, de 28.10.2021)

VI – participar das comissões de planejamento estratégico dos tribunais; (redação dada pela Resolução nº 436, de 28.10.2021)

VII – participar das reuniões convocadas pela Corregedoria de Justiça, pelo CNJ ou pelos(as) magistrados(as) cooperantes; e (redação dada pela Resolução nº 436, de 28.10.2021)

VIII – promover a integração de outros sujeitos do processo à rede de cooperação.

§ 1º Sempre que um(a) Magistrado(a) de Cooperação receber, de outro membro da rede, pedido de informação a que não possa dar seguimento, deverá comunicá-lo à autoridade competente ou ao membro da rede mais apto a fazê-lo. (redação dada pela Resolução nº 436, de 28.10.2021)

§ 2º O(A) Magistrado(a) de Cooperação deve prestar toda a assistência para contatos ulteriores. (redação dada pela Resolução nº 436, de 28.10.2021)

§ 3º O(A) Magistrado(a) de Cooperação deverá registrar em arquivo eletrônico próprio todos os atos que praticar no exercício dessa atividade, que será gerido pelo Núcleo de Cooperação Judiciária do tribunal a que o(a) magistrado(a) estiver vinculado(a). (redação dada pela Resolução nº 436, de 28.10.2021)

CAPÍTULO IV
DA COOPERAÇÃO INTERINSTITUCIONAL

Art. 15. A cooperação interinstitucional poderá abranger, entre outras providências:

I – a harmonização de procedimentos e rotinas administrativas;

II – gestão judiciária;

III – a elaboração e adoção de estratégias para o tratamento adequado de processos coletivos e ou repetitivos, inclusive para a sua prevenção; e

IV – mutirões para análise do enquadramento de processos ou de recursos nas hipóteses em que há precedentes obrigatórios.

ANEXO 1 – RESOLUÇÃO Nº 350, DE 27 DE OUTUBRO DE 2020 | **115**

Art. 16. A cooperação interinstitucional poderá ser realizada entre quaisquer instituições, do sistema de justiça ou fora dele, que possam contribuir para a execução da estratégia nacional do Poder Judiciário, promover o aprimoramento da administração da justiça, a celeridade e a efetividade da prestação jurisdicional, dentre as quais:

I – Ministério Público;

II – Ordem dos Advogados do Brasil;

III – Defensoria Pública;

IV – Procuradorias Públicas; (redação dada pela Resolução nº 421, de 29.09.2021)

V – Administração Pública; e (redação dada pela Resolução nº 421, de 29.09.2021)

VI – Tribunais arbitrais e árbitros(as). (Redação dada pela Resolução nº 421, de 29.09.2021)

CAPÍTULO V
DOS NÚCLEOS DE COOPERAÇÃO JUDICIÁRIA

Art. 17. Os Tribunais Regionais Federais, os Tribunais Regionais do Trabalho, os Tribunais Regionais Eleitorais, os órgãos da Justiça Militar da União, os Tribunais de Justiça e os Tribunais de Justiça Militar deverão constituir e instalar, em sessenta dias, pondo em funcionamento em até noventa dias, Núcleos de Cooperação Judiciária, com a função de sugerir diretrizes gerais, harmonizar rotinas e procedimentos de cooperação, consolidar os dados e as boas práticas junto ao respectivo tribunal.

Art. 18. Os Núcleos de Cooperação Judiciária serão compostos, nos tribunais, por um(a) desembargador(a) supervisor(a) e por um(a) juiz(a) coordenador(a), ambos(as) pertencentes aos quadros de magistrados(as) de cooperação, podendo ser integrados também por servidores(as) do Judiciário. (redação dada pela Resolução nº 436, de 28.10.2021)

Art. 19. Os Núcleos de Cooperação Judiciária poderão definir as funções dos(as) seus(suas) Magistrados(as) de Cooperação, dividindo-as por comarcas, regiões, unidades de especialização ou unidades da federação. (redação dada pela Resolução nº 436, de 28.10.2021)

§ 1º Os núcleos deverão informar ao Comitê Executivo da Rede Nacional de Cooperação Judiciária a definição das funções de cada um(a) de seus(suas) Magistrados(as) de Cooperação, a fim de que elas constem no cadastro nacional que será gerenciado pelo comitê. (redação dada pela Resolução nº 436, de 28.10.2021)

§ 2º Os núcleos deverão organizar reuniões periódicas entre os(as) seus(suas) Magistrados(as) de Cooperação e incentivar a melhoria dos processos de cooperação judiciária com os demais núcleos. (redação dada pela Resolução nº 436, de 28.10.2021)
§ 3º Caberá aos Núcleos de Cooperação Judiciária de cada tribunal estabelecer critérios e procedimentos para registro de dados relevantes e boas práticas de cooperação judiciária.

CAPÍTULO VI
DO COMITÊ EXECUTIVO DA REDE NACIONAL DE COOPERAÇÃO JUDICIÁRIA E DAS DISPOSIÇÕES GERAIS

Art. 20. O CNJ manterá o adequado funcionamento do Comitê Executivo da Rede Nacional de Cooperação Judiciária, que organizará as ações nacionais dos núcleos de cooperação judiciária e providenciará a reunião, pelo menos uma vez por ano, mediante convocatória, dos núcleos e dos(as) Magistrados(as) de Cooperação de todos os tribunais. (redação dada pela Resolução nº 436, de 28.10.2021)
§ 1º O Comitê Executivo será coordenado por um Conselheiro do Conselho Nacional de Justiça e a sua composição será definida por Portaria da Presidência do CNJ.
§ 2º Na referida reunião, sempre que houver deliberação a ser colhida na plenária, será colhido o voto de cada tribunal, que será representado por um único ponto de contato.
§ 3º Essas reuniões anuais terão por objeto a troca de experiências, melhora dos mecanismos de cooperação nacional pelo uso de processos e instrumentos de inovação e identificação das melhores práticas.
§ 4º O Conselho Nacional de Justiça consolidará e divulgará na rede mundial de computadores as boas práticas de cooperação judiciária nacional.
Art. 21. Compete ao Comitê Executivo da Rede Nacional de Cooperação Judiciária dirimir conflitos de natureza administrativa entre os Núcleos de Cooperação e sanar eventuais dúvidas pertinentes à cooperação judiciária, sem prejuízo de eventual atuação:
I – das Corregedorias de Justiça e da Corregedoria Nacional de Justiça, caso a questão envolva a apuração e aplicação de sanções pela prática de infrações disciplinares; e
II – do Departamento de Monitoramento e Fiscalização do Sistema Carcerário e Socioeducativo em todas as questões pertinentes à execução penal e de medidas socioeducativas.

Art. 22. O Comitê Executivo da Rede Nacional de Cooperação Judiciária realizará anualmente um Encontro Nacional de Magistrados(as) de Cooperação Judiciária, com o objetivo de difundir a cultura da cooperação, compartilhar e fomentar boas práticas de cooperação judiciária, discutir, conceber e formular proposições voltadas à consolidação e ao aperfeiçoamento da Rede Nacional de Cooperação Judiciária. (redação dada pela Resolução nº 436, de 28.10.2021)

Parágrafo único. O encontro deverá ser realizado prioritariamente no mesmo período da reunião prevista no art. 20 desta Resolução.

Art. 23. O Conselho Nacional de Justiça manterá em seu sítio eletrônico relação dos núcleos de cooperação judiciária com meios de comunicação que deverão ser permanentemente atualizados pelos respectivos tribunais, na forma prevista neste Ato Normativo.

Art. 24. Fica revogada a Recomendação CNJ nº 38/2011 e seu respectivo anexo.

Art. 25. Essa Resolução entra em vigor na data de sua publicação.

Ministro LUIZ FUX

ANEXO I DA RESOLUÇÃO Nº 350, DE OUTUBRO DE 2020

MODELO EXEMPLIFICATIVO DE PEDIDO DE COOPERAÇÃO POR AUXÍLIO DIRETO

Processo nº:

Solicitante: Juízo

Solicitado: Juízo

Senhor Magistrado,

Nos termos dos arts. 67 a 69 do Código de Processo Civil e da Resolução nº CNJ 350/2020, venho por este e-mail requerer seus préstimos para que... (DESCREVER O ATO A SER PRATICADO, COM INDICAÇÃO PRECISA DOS ELEMENTOS DE SUA DEFINIÇÃO).

Ex. 1. "...encaminhe informações sobre o andamento do processo de execução em face de EMPRESA TAL, indicando se existem bens penhorados e se há previsão para realização de leilão para sua expropriação".

Ex. 2. "proceda à intimação da testemunha (NOME DA TESTEMUNHA), endereço (LOCALIDADE), para comparecer à audiência na data (DATA), para prestar depoimento nos autos do processo no (NÚMERO DO PROCESSO) XXX, em trâmite nesta Comarca/Subseção Judiciária".

Ex. 3. "proceda à penhora no rosto dos autos da quantia de R$ (VALOR EM NUMERAL) (VALOR POR EXTENSO), anotando a reserva do crédito em favor de (NOME DO BENEFICIÁRIO), cujo crédito decorre de sentença condenatória nos autos do processo em epígrafe, em trâmite nesta Vara (ESPECIFICAR O JUÍZO)."

Ex. 4. "encaminhe cópia integral dos autos do processo nº (NÚMERO DO PROCESSO) XXX, em trâmite nesta Subseção Judiciária, a fim de instruir o processo em epígrafe".

Solicita-se que a providência seja cumprida como auxílio direto, podendo ser documentada e encaminhada por e-mail, bastando indicação do nome do servidor responsável pela providência solicitada e respectiva matrícula.

Estamos à disposição para esclarecimento de quaisquer dúvidas e nos colocamos às ordens para cooperar com o i. colega em outras oportunidades.

Data
Assinatura do juízo solicitante

ANEXO II DA RESOLUÇÃO Nº 350, DE OUTUBRO DE 2020

MODELOS EXEMPLIFICATIVOS DE DESPACHOS CONJUNTOS

Exemplo 1:

Processos no XXXX, YYYYY e ZZZZZ (NÚMEROS DOS PROCESSOS)

Com fundamento nos arts. 67 a 69 do Código de Processo Civil, atuam os juízos signatários em cooperação, praticando este ato em conjunto.

Trata-se de demandas (RELATAR AS DEMANDAS)

Alega o autor que........

Sustenta o Requerido que........

Tendo em vista que........ (FUNDAMENTAR O PEDIDO DE COOPERAÇÃO, MENCIONANDO, POR EXEMPLO: EFICIÊNCIA PROCESSUAL (art. 8º do CPC), OBSERVÂNCIA DO PRINCÍPIO DA DURAÇÃO RAZOÁVEL DO PROCESSO (art. 5º, LXXVIII, da CRFB c/c art.4º do CPC), ETC.

Em razão do exposto, determina-se: (INDICAR COM PRECISÃO OS ATOS A SEREM PRATICADOS)

Junte-se cópia deste despacho conjunto em todos os processos abrangidos pela cooperação.

Intimem-se.

Data

Assinatura dos juízos cooperantes

Exemplo 2:

Processos nº XXXX, YYYYY e ZZZZZ

Atuam os juízos signatários em cooperação (art. 67 a 69 do CPC), praticando este ato em conjunto.

Trata-se de demandas similares, em que os autores afirmam que sofreram danos provocados pela construtora ré, em razão de defeitos na edificação do prédio do qual são condôminos. Alegam que tais vícios de construção provocaram rachaduras e vazamentos que colocam o edifício em risco de colapso. Em todos os processos, foi requerida perícia de engenharia para comprovar o comprometimento estrutural do prédio e identificar o responsável.

Tendo em vista tratar-se de perícia complexa e custosa, que teria que ser praticamente repetida em vários processos, seria ineficiente e demorado que se admitisse a produção da prova em cada um deles separadamente. Sendo assim, por ser medida de eficiência e economia processual (art. 8º do CPC), que favorece a duração razoável do processo (art. 5º, LXXVIII, da CRFB c/c o art. 4º do CPC), determina-se:

1. Fica deferida a realização de exame pericial único, a ser realizado nos autos do processo XXXXX e posteriormente aproveitada para os demais processos acima relacionados;
2. Suspendam-se os processos YYYYY e ZZZZZ até o término da produção da prova, quando os laudos e todos os atos processuais relacionados poderão ser trasladados para esses autos;
3. Designa-se o perito FULANO...;
4. As partes deverão indicar quesitos no prazo legal, nos autos do processo XXXX;
5. Com a vinda da proposta de honorários, intimem-se os autores de todos os processos para se manifestarem, e depositar a quantia, a ser dividida *pro rata*; e
6. Junte-se cópia deste despacho conjunto em todos os processos abrangidos pela cooperação.
7. Intimem-se.
Data
Assinatura dos juízos cooperantes

ANEXO III DA RESOLUÇÃO Nº 350, DE OUTUBRO DE 2020

MODELO EXEMPLIFICATIVO DE ATO CONCERTADO
Ato concertado nº XX/XXXX (NUMERAÇÃO)
Juízos cooperantes: (INDICAR OS JUÍZOS EM COOPERAÇÃO)
Processos nº XXX (NUMERAÇÃO)
CONSIDERANDO os arts. 67 a 69 do Código de Processo Civil, que preveem mecanismos de cooperação entre órgãos do Poder Judiciário tanto para a prática de atividades administrativas quanto para o desempenho das funções jurisdicionais;
CONSIDERANDO a Resolução nº 350/2020 do Conselho Nacional de Justiça e seu respectivo anexo;
CONSIDERANDO que a Constituição da República prevê a observância do princípio da eficiência na administração pública (art. 37), aplicável à administração judiciária;

CONSIDERANDO que a Emenda Constitucional nº 45/2004 instituiu o princípio da duração razoável do processo (art. 5º, LXXVIII);
CONSIDERANDO que os arts. 6º e 8º do Código de Processo Civil (Lei nº 13.105/2015) consagraram os princípios da cooperação e da eficiência no processo civil;
CONSIDERANDO que a cooperação judiciária constitui mecanismo contemporâneo, desburocratizado e ágil para a prática de atos conjuntos, permitindo a obtenção de resultados mais eficientes;
CONSIDERANDO o que consta dos autos dos processos nº XXX (NUMERAÇÃO), em trâmite perante da Subseção Judiciária de YYYY, e nº ZZZ, da Comarca de NNNN;
CONSIDERANDO... (OUTROS CONSIDERANDA APLICÁVEIS AO CASO CONCRETO...).
Com fundamento nos arts. 67 a 69 do Código de Processo Civil, atuam os juízos signatários em cooperação, praticando este ato em conjunto.
Abrangência da concertação.
(DESCREVER COM PRECISÃO O ATO A SER PRATICADO E SEUS OBJETIVOS)
Ex. 1: "Este ato concertado objetiva disciplinar a cooperação judiciária envolvendo processos individuais e/ou coletivos envolvendo a pandemia de Covid-19 que estejam tramitando nos limites territoriais dos juízos cooperantes e digam respeito a questões relacionadas ao direito à saúde".
Ex. 2: "Este ato concertado objetiva disciplinar a cooperação judiciária envolvendo os atos de expropriação envolvendo o bem imóvel Fazenda XXXXX, registrado no 1º Cartório de Registro de Imóveis da cidade de YYYY, atualmente penhorado e arrestado em processos que estão tramitando perante os juízos cooperantes".
Ex. 3: "Este ato concertado objetiva disciplinar a cooperação judiciária envolvendo os atos necessários para a produção de prova pericial única em todos os processos acima relacionados, nos termos seguintes".
Objeto da cooperação.
(INDICAR O OBJETO DA COOPERAÇÃO, ESPECIFICANDO AS DETERMINAÇÕES E ATOS A SEREM PRATICADOS EM COOPERAÇÃO)
Ex. 1: "Determina-se que a prova pericial sobre a eficácia farmacológica do remédio TAL será produzida nos autos do processo

YYYY, em trâmite no juízo da 3ª Vara Federal de XXXX, e aproveitada por todos os juízos cooperantes".

Ex. 2: "Define que o juízo da 3ª Vara Cível da Comarca de Salvador será o competente para proceder ao leilão do imóvel penhorado e o juízo da 5ª Vara Empresarial da Comarca de São Paulo será o competente para decidir as questões relacionadas ao concurso individual de credores".

Ex. 3: "Determina-se que a intimação da testemunha FULANO DE TAL, comum aos processos acima relacionados, será realizada pelo juízo da 1ª Vara do Trabalho, e a sua oitiva será realizada em ato único e conjunto, na data TAL, oportunidade em que será inquirida sucessivamente pelos juízos cooperantes".

Duração

(INDICAR A VIGÊNCIA DO ATO CONCERTADO)

Ex. 1: "Este ato concertado vigerá até a prolação da decisão final pelo juízo da 3ª Vara Federal de Camaçari na ação coletiva no XXXX".

Ex. 2: "Este ato concertado vigerá até a definição da tese jurídica TAL pelo STF, ao concluir o julgamento do RE no TAL".

Ex. 3: "A concertação exaure-se na prática do ato a que destinada, devendo ser renovada se cabível e recomendável em outros processos".

Disposições finais

Ex. 1: "Juntem-se cópias assinadas deste ato concertado aos autos de todos os processos por ele abrangidos".

Ex. 2: "Intimem-se".

Ex. 3: "Subscrevem este ato, anuindo com seus termos, o BANCO TAL, a União, o Estado da Bahia, dispensada, portanto, sua intimação".

Data

Assinatura dos juízos cooperantes

Anexo 2

RESOLUÇÃO TJ/OE/RJ Nº 08/2021

Cria e regulamenta o Núcleo de Cooperação Judiciária do Tribunal de Justiça do Estado do Rio de Janeiro, atendendo ao disposto na Resolução nº 350 do Conselho Nacional de Justiça.

O ÓRGÃO ESPECIAL DO TRIBUNAL DE JUSTIÇA DO ESTADO DO RIO DE JANEIRO, no âmbito de sua competência e uso das atribuições legais, tendo em vista o que foi decidido na sessão realizada no dia 10 de maio de 2021 (Processo nº 2021-0621978);

CONSIDERANDO que a cooperação judiciária nacional, prevista nos arts. 67 a 69 do Código de Processo Civil, precisa ser implementada como mecanismo fundamental para o incremento da eficiência da atividade jurisdicional;

CONSIDERANDO o disposto na Resolução nº 350, de 27 de outubro de 2020, do Conselho Nacional de Justiça;

CONSIDERANDO que a cooperação judiciária, em especial por meio de auxílio direto, constitui mecanismo contemporâneo, desburocratizado e ágil para o cumprimento de atos judiciais fora da esfera de competência do juízo requerente ou em interseção com ele;

CONSIDERANDO que os atos conjuntos e concertados entre os juízos cooperantes são instrumento de gestão processual, permitindo a coordenação de funções e o compartilhamento de competências;
RESOLVE:

CAPÍTULO I
DISPOSIÇÕES GERAIS

Art. 1º Esta Resolução dispõe sobre o Núcleo de Cooperação Judiciária do Tribunal de Justiça do Estado do Rio de Janeiro (Nucoop) e sobre a atuação dos Juízes de Cooperação no âmbito da competência deste Tribunal.

Art. 2º A atuação do Tribunal de Justiça do Estado do Rio de Janeiro, por todos os seus magistrados e servidores, abrangendo as seguintes dimensões:

I – a cooperação ativa, passiva e simultânea entre os órgãos do Poder Judiciário, no âmbito das respectivas competências, observados o princípio do juiz natural e as atribuições administrativas (arts. 67 a 69, CPC); e

II – a cooperação interinstitucional entre os órgãos do Poder Judiciário e outras instituições e entidades, integrantes ou não do sistema de justiça, que possam, direta ou indiretamente, contribuir para a administração da justiça.

Art. 3º A todos os órgãos do Judiciário Fluminense, de primeira e de segunda instância, incumbe o dever de recíproca cooperação, por meio de seus magistrados e servidores, inclusive quanto aos demais órgãos jurisdicionais, de qualquer instância e grau de jurisdição, a fim de permitir o incremento mútuo de suas atividades.

Art. 4º Os juízes, desembargadores e órgãos colegiados poderão formular, entre si ou com juízes e órgãos de outros Tribunais, inclusive os Superiores, pedido de cooperação para a prática de qualquer ato processual, intimando-se as partes do processo.

Art. 5º A cooperação judiciária:

I – pode ser realizada entre órgãos jurisdicionais do mesmo ou de diferentes ramos do Poder Judiciário;

II – pode ser instrumentalizada por auxílio direto, atos concertados, atos conjuntos e outros instrumentos adequados;

III – deve ser documentada nos autos, observadas as garantias fundamentais do processo;

IV – deve ser realizada de forma fundamentada, objetiva e imparcial; e

V – deve ser comunicada às partes do processo.

§ 1º As cartas de ordem e precatória seguirão o regime previsto no Código de Processo Civil.

§ 2º Por força da regra da informalidade dos atos de cooperação prevista no art. 69, *caput*, do Código de Processo Civil, a expedição de cartas precatórias e de ordem terá caráter subsidiário, e só deverá ocorrer nos casos em que não se consiga realizar o ato para o qual se faz necessária a cooperação judiciária de outro modo.

Art. 6º. Além de outros definidos consensualmente, os atos de cooperação poderão consistir:

I – na prática de quaisquer atos de comunicação processual, podendo versar sobre a comunicação conjunta a pessoa cuja participação seja necessária em diversos processos;

II – na prestação e troca de informações relevantes para a solução dos processos;

III – na redação de manuais de atuação, rotinas administrativas, diretrizes gerais para a conduta dos sujeitos do processo e dos servidores públicos responsáveis por atuar em mecanismos de gestão coordenada;

IV – na reunião ou apensamento de processos, inclusive a reunião de execuções contra um mesmo devedor em um único juízo;

V – na definição do juízo competente para a decisão sobre questão comum ou questões semelhantes ou de algum modo relacionadas, respeitadas as regras constantes nos arts. 62 e 63 do Código de Processo Civil;

VI – na obtenção e apresentação de provas, na coleta de depoimentos e meios para o compartilhamento de seu teor;

VII – na produção de prova única relativa a fato comum;

VIII – na efetivação de medidas e providências para recuperação e preservação de empresas;

IX – na facilitação de habilitação de créditos na falência e na recuperação judicial;

X – na disciplina da gestão dos processos repetitivos, inclusive da respectiva centralização (art. 69, § 2º, VI, do Código de Processo Civil), e da realização de mutirões para sua adequada tramitação;

XI – na efetivação de tutela provisória ou na execução de decisão jurisdicional;

XII – na investigação patrimonial, busca por bens e realização prática de penhora, arrecadação, indisponibilidade ou qualquer outro tipo de constrição judicial;
XIII – na regulação de procedimento expropriatório de bem penhorado ou dado em garantia em diversos processos;
XIV – no traslado de pessoas;
XV – na transferência de presos;
XVI – na transferência de bens e de valores;
XVII – no acautelamento e gestão de bens e valores apreendidos;
XVIII – no compartilhamento temporário de equipe de auxiliares da justiça, inclusive de servidores públicos; e
XIX – na efetivação de medidas e providências referentes a práticas consensuais de resolução de conflitos.
Art. 7º O Tribunal de Justiça do Estado do Rio de Janeiro, através do Nucoop, poderá articular-se com os Núcleos de Cooperação Judiciária dos outros Tribunais com sede no Estado do Rio de Janeiro para a criação de um Comitê Executivo Estadual de Cooperação Judiciária.

CAPÍTULO II
DO NÚCLEO DE COOPERAÇÃO JUDICIÁRIA

Art. 8º Fica criado o Núcleo de Cooperação Judiciária do Tribunal de Justiça do Estado do Rio de Janeiro (Nucoop), Órgão Colegiado Administrativo vinculado à Presidência do Tribunal, que terá a seguinte composição mínima:
I – 01 (um) Desembargador, que o presidirá,
II – 01 (um) Juiz de Direito Auxiliar da Presidência;
III – 01 (um) Juiz de Direito Auxiliar da Corregedoria-Geral da Justiça;
IV – todos os Juízes de Cooperação;
V – 01 (um) servidor indicado pelo Presidente do Nucoop.
§ 1º Caberá ao Presidente do Tribunal de Justiça nomear o Desembargador que presidirá o NUCOOP, bem como designar seus demais membros por Portaria.
§ 2º O Juiz de Cooperação mais antigo na entrância será o coordenador do NUCOOP.
§ 3º O Desembargador designado pelo Presidente do Tribunal de Justiça para presidir o Nucoop terá, na Câmara, a distribuição reduzida em 1/3 (um terço) a título de compensação pelas

atividades administrativas realizadas no Núcleo e terá assento na Comissão de Planejamento Estratégico.

Art. 9º O Nucoop é o órgão responsável por sugerir diretrizes gerais, harmonizar rotinas e procedimentos de cooperação, consolidar os dados e as boas práticas da cooperação judiciária junto ao Tribunal de Justiça do Estado do Rio de Janeiro.

Parágrafo único. Compete ao Nucoop dirimir conflitos de natureza administrativa entre os Subnúcleos de Cooperação e sanar eventuais dúvidas pertinentes à cooperação judiciária.

Art. 10. O Nucoop será composto de oito subnúcleos, a cada um deles correspondendo um Juiz de Cooperação:

I – 1º Subnúcleo (comarca da Capital);

II – 2º Subnúcleo (comarcas de Niterói, Itaboraí, Maricá, Rio Bonito, São Gonçalo, Silva Jardim);

III – 3º Subnúcleo (comarcas de Teresópolis, Petrópolis, Paraíba do Sul, São José do Vale do Rio Preto, Três Rios, Sapucaia, Nova Friburgo, Bom Jardim, Cachoeiras de Macacu, Cantagalo, Carmo, Cordeiro, Duas Barras, Sumidouro, Santa Maria Madalena, São Sebastião do Alto e Trajano de Morais);

IV – 4º Subnúcleo (comarcas de Duque de Caxias, Belford Roxo, Guapimirim, Japeri, Magé, Nilópolis, Nova Iguaçu, Mesquita, Queimados e São João de Meriti);

V – 5º Subnúcleo (comarcas de Volta Redonda, Barra Mansa, Barra do Piraí, Pinheiral, Porto Real/Quatis, Resende, Itatiaia, Rio das Flores, Valença, Vassouras, Engenheiro Paulo de Frontin, Mendes, Miguel Pereira, Paracambi, Paty do Alferes e Piraí);

VI – 6º Subnúcleo (comarcas de Campos dos Goytacazes, Cambuci, Carapebus/Quissamã, Conceição de Macabu, Macaé, São Fidélis, São Francisco do Itabapoana, São João da Barra, Itaperuna, Bom Jesus do Itabapoana, Italva/Cardoso Moreira, Itaocara, Laje do Muriaé, Miracema, Natividade, Porciúncula e Santo Antonio de Pádua);

VII – 7º Subnúcleo (comarcas de Itaguaí, Angra dos Reis, Mangaratiba, Parati, Rio Claro e Seropédica);

VIII – 8º Subnúcleo (comarcas de Cabo Frio, Araruama, Armação dos Búzios, Arraial do Cabo, Casimiro de Abreu, Iguaba Grande, Rio das Ostras, São Pedro da Aldeia e Saquarema).

Art. 11. O Nucoop poderá, por portaria, definir as funções dos Juízes de Cooperação, dividindo-as segundo as comarcas de cada Subnúcleo.

Art. 12. O Nucoop deverá informar ao Comitê Executivo Nacional da Rede Nacional de Cooperação Judiciária a definição das funções de cada um dos Juízes de Cooperação, a fim de que constem do Cadastro Nacional que é gerido por esse comitê.

Art. 13. O Nucoop deverá realizar reuniões entre seus membros, que poderão ser realizadas por videoconferência, a fim de estimular e incentivar a melhoria dos processos de cooperação judiciária entre os Subnúcleos e com os Núcleos dos outros Tribunais.

Art. 14. Caberá ao Nucoop estabelecer critérios e procedimentos para registro de dados relevantes e boas práticas de cooperação judiciária.

CAPÍTULO III
DO JUIZ DE COOPERAÇÃO

Art. 15. Será designado, para cada Subnúcleo, um Juiz de Cooperação, também denominado Ponto de Contato.

§ 1º O Nucoop comunicará ao Conselheiro do CNJ que atue como Coordenador do Comitê Executivo da Rede Nacional de Cooperação Judiciária, no prazo de dez dias a contar da designação de cada Juiz de Cooperação, seu nome, cargo, função e contatos telefônicos e eletrônicos.

§ 2º Cada Juiz de Cooperação cumprirá mandato de dois anos, sendo admitida uma única recondução.

§ 3º O Juiz de Cooperação será indicado pelo Desembargador Presidente do Nucoop e designado por ato do Presidente do Tribunal de Justiça.

§ 4º O Juiz de Cooperação Judiciária fará jus à indenização prevista no art. 31 da Lei nº 5.535, de 10 de setembro de 2009.

§ 5º O Desembargador Presidente do NUCOOP funcionará, também, como Juiz de Cooperação da Segunda Instância.

Art. 16. São atribuições específicas do Juiz de Cooperação:

I – identificar soluções para os problemas que possam surgir no processamento de pedido de cooperação judiciária;

II – facilitar a coordenação do tratamento dos pedidos de cooperação judiciária no âmbito do respectivo tribunal;

III – fornecer todas as informações necessárias a permitir a elaboração eficaz de pedido de cooperação judiciária, bem como estabelecer contatos diretos entre os diversos órgãos e juízes;

ANEXO 2 – RESOLUÇÃO TJ/OE/RJ Nº 08/2021 | **129**

IV – intermediar o concerto de atos entre juízes cooperantes e ajudar na solução para problemas dele decorrentes;

V – comunicar ao Núcleo de Cooperação Judiciária a prática de atos de cooperação, quando os juízes cooperantes não o tiverem feito;

VI – participar das reuniões convocadas pela Corregedoria de Justiça, pelo Conselho Nacional de Justiça ou pelos juízes cooperantes; e

VII – promover a integração de outros sujeitos do processo à rede de cooperação.

§ 1º Sempre que um Juiz de Cooperação receber, de outro membro da rede, pedido de informação a que não possa dar o seguimento, deverá comunicá-lo à autoridade competente ou ao membro da rede mais próximo para fazê-lo.

§ 2º O Juiz de Cooperação deve prestar toda a assistência para contatos ulteriores.

§ 3º O Juiz de Cooperação deverá registrar em arquivo eletrônico próprio todos os atos que praticar no exercício dessa atividade, que será gerido pelo Nucoop.

CAPÍTULO IV
DISPOSIÇÕES FINAIS E TRANSITÓRIAS

Art. 17. A Cooperação Institucional será coordenada pelo Nucoop, na forma prevista na Resolução nº 350 do Conselho Nacional de Justiça.

Art. 18. O Desembargador Presidente do Nucoop e os Juízes de Cooperação não ficarão afastados de sua jurisdição ordinária.

Art. 19. O Nucoop manterá, no sítio eletrônico do Tribunal de Justiça do Estado do Rio de Janeiro, relação dos subnúcleos de cooperação judiciária com meios de comunicação que deverão ser permanentemente atualizados.

Art. 20. O Nucoop receberá o apoio administrativo da Divisão de Apoio e Assessoramento técnico aos Órgãos Colegiados Administrativos (Gabpres/Degep/Dicol).

Art. 21. Essa Resolução entra em vigor na data de sua publicação, revogadas as disposições em contrário, em especial a Resolução TJ/OE nº 05/2013.

Rio de Janeiro, 10 de maio de 2021.

Desembargador HENRIQUE CARLOS DE ANDRADE FIGUEIRA
Presidente do Tribunal de Justiça

Anexo 3[1]

CARTILHA COOPERAÇÃO JUDICIÁRIA NACIONAL

---

[1] Anexo disponível em: https://www.tjrj.jus.br/documents/d/guest/29-04-2024_-cartilha-nupepro. Acesso em: 18 jul. 2024.

Cooperação Judiciária: O que é?

A cooperação judiciária consiste na **ajuda mútua** entre órgãos do Poder Judiciário, visando maior eficiência e agilidade na prestação jurisdicional. Pode ocorrer também entre os órgãos do Poder Judiciário e outros sujeitos que venham a contribuir com os seus atos (ex. Polícias, Receita Federal, entre tantos outros).

A cooperação é um instrumento jurídico de natureza processual, que busca a interação entre órgãos do Poder Judiciário ou outras instituições, com a função de desburocratizar a prática de atos processuais e a finalidade de alcançar maior eficiência jurisdicional, respeitando o devido processo legal e a duração razoável do processo.

Ela veio, portanto, para modernizar e agilizar o cumprimento da prestação jurisdicional e pode ocorrer tanto dentro quanto fora do Poder Judiciário, visando sobretudo a efetividade da sua atuação.

A Cooperação é regida pelos princípios da
**eficiência da jurisdição,
da cooperação e
da duração razoável do processo.**

ANEXO 3 – CARTILHA COOPERAÇÃO JUDICIÁRIA NACIONAL | 133

Cooperação Judiciária: Onde está regulamentada?

Com a vigência do Código de Processo Civil de 2015, buscando mais celeridade e maior efetividade do acesso ao Poder Judiciário, a cooperação foi trazida para o texto legal e está prevista nos artigos 67 a 69 do CPC:

Art. 67. Aos órgãos do Poder Judiciário, estadual ou federal, especializado ou comum, em todas as instâncias e graus de jurisdição, inclusive aos tribunais superiores, incumbe o dever de recíproca cooperação, por meio de seus magistrados e servidores.

Art. 68. Os juízes poderão formular entre si pedido de cooperação para prática de qualquer ato processual.

Art. 69. O pedido de cooperação jurisdicional deve ser prontamente atendido, prescinde de forma específica e pode ser executado como:

I - Auxílio direto;
II - Reunião ou apensamento de processos;
III - Prestação de informações;
IV - Atos concertados entre os juízes cooperantes.

§ 1º As cartas de ordem, precatória e arbitral seguirão o regime previsto neste Código.

§ 2º Os atos concertados entre os juízes cooperantes poderão consistir, além de outros, no estabelecimento de procedimento para:

I - A prática de citação, intimação ou notificação de ato;
II - A obtenção e apresentação de provas e a coleta de depoimentos;
III - A efetivação de tutela provisória;
IV - A efetivação de medidas e providências para recuperação e preservação de empresas;
V - A facilitação de habilitação de créditos na falência e na recuperação judicial;
VI - A centralização de processos repetitivos; VII - a execução de decisão jurisdicional. § 3º O pedido de cooperação judiciária pode ser realizado entre órgãos jurisdicionais de diferentes ramos do Poder Judiciário.

Além do CPC, o Conselho Nacional de Justiça regulamentou a Cooperação Judiciária através da Resolução Nº 350 de 27/10/2020. No TJRJ, foi regulamentada pela Resolução RESOLUÇÃO TJ/OE/RJ Nº 08/2021.

Como pode ser feita a cooperação Judiciária?

A Cooperação jurisdicional é aquela realizada pelos órgãos do Poder Judiciário, seja de âmbito estadual ou federal, de matéria comum ou especializada, em todas as instâncias ou graus de jurisdição. Pode ser feita no âmbito dos processos judiciais e pode ser requerida por qualquer pessoa que atue no caso, inclusive as partes.

Cooperação interinstitucional: se dá entre órgãos do Poder Judiciário e instituições ou outras entidades, qualquer que seja sua natureza, desde que colaborem com a administração da justiça. Esse tipo de cooperação depende de ajustes entres os representantes das instituições de justiça. Pode abranger, por exemplo: I – a harmonização de procedimentos e rotinas administrativas; II – regras de gestão judiciária; III – a elaboração e adoção de estratégias para o tratamento adequado de processos coletivos ou repetitivos, inclusive para a sua prevenção; e IV – mutirões para análise do enquadramento de processos ou de recursos nas hipóteses em que há precedentes obrigatórios.

Cooperação administrativa: trata dos atos administrativos que dão suporte à atividade jurisdicional. Exemplos da cooperação administrativa são os casos de atos concertados para viabilizar a organização de infraestrutura judiciária para dar conta dos processos envolvendo um litigante habitual. Outro caso comum é o compartilhamento de espaços, que ocorre, por exemplo, quando a Justiça do Trabalho ocupa uma sala do edifício do fórum da Justiça Estadual para suas atividades.

Como a cooperação judiciária pode ser realizada?

Através do **auxílio direto**, por meio de solicitação do ato de cooperação pelo juízo/órgão solicitante, diretamente ao juiz solicitado, podendo ser ato jurisdicional ou não. Pode ser utilizada até mesmo para citações e intimações.

Os **atos conjuntos e os concertados** podem ser firmados para disciplinar a cooperação entre órgãos jurisdicionais em torno de um ou alguns processos, ou para a prática de atos mais complexos relacionados a esses mesmos processos. Usa-se quando os representantes das instituições do Poder Judiciário decidem atuar conjuntamente em relação a determinado caso ou tipo de caso.

Os **atos concertados** são firmados entre juízos, a respeito de um procedimento judicial ou da gestão de processos. Podem ser celebrados de forma atípica, e não dependem de uma previsão legal específica.

Os **atos conjuntos**, por sua vez, são praticados simultaneamente por dois ou mais magistrados, e dizem respeito a dois ou mais processos simultaneamente. Servem para ajustar, entre dois ou mais juízos cooperantes, atos judiciais ou administrativos a serem adotados.

Cooperação Judiciária: quem pode solicitar?

A **cooperação jurisdicional** pode ser solicitada por todos aqueles que atuam no processo: partes, magistrados, advogados, promotores de Justiça. Já a cooperação administrativa pode ser solicitada por magistrados e servidores do Poder Judiciário. E a cooperação interinstitucional pode ser demandada pelos representantes das instituições que compõem o sistema de justiça.

Se você é usuário dos serviços do Poder Judiciário ou servidor, pode utilizar a cooperação para facilitar a realização de atos judiciais.

Os pedidos de cooperação judiciária, portanto, podem ser encaminhados:

1. Diretamente aos juízes cooperantes (que atuam nos processos);

2. Para os magistrados de cooperação; e

3. Para o Núcleo de Cooperação Judiciária do tribunal em que você está atuando.

ANEXO 3 – CARTILHA COOPERAÇÃO JUDICIÁRIA NACIONAL | 135

Os pedidos de cooperação devem ser prontamente atendidos e não precisam ter forma específica. Por isso você precisa ficar atento às regras do Tribunal que pretende utilizar. Em alguns tribunais o pedido pode ser feito via formulário disponível na página do núcleo de cooperação. Em outros casos você pode verificar junto à corregedoria!

Os juízes cooperantes devem intimar as partes sobre os atos de cooperação. De acordo com o art. 9º da Resolução 350 do CNJ, os atos de cooperação podem ser objeto de impugnação pelos meios previstos na legislação processual.

Magistrados de Cooperação:
O CNJ criou a função dos Magistrados de Cooperação. Cada tribunal deve designar um(a) ou mais magistrados(as) para atuarem como Magistrados(as) de Cooperação, também denominados(as) de "ponto(s) de contato". Eles são os responsáveis por direcionar as demandas de cooperação de outros magistrados, dentro das respectivas comarcas. Têm a função de facilitar a prática de atos de cooperação judiciária e integram a Rede Nacional de Cooperação Judiciária.

Sala Passiva
As salas passivas permitem a realização de audiências virtuais com pessoas que não residem na comarca onde o processo está em tramitação. Os magistrados podem demandar o seu uso para facilitar a produção de provas orais. Por meio deste serviço, o ato jurisdicional ocorre por videoconferência com o juiz natural do processo, sem intermediações e em ambiente forense.

Núcleos:
Os Núcleos de Cooperação, que devem ser criados pelos Tribunais, têm a função de sugerir diretrizes gerais, harmonizar rotinas e procedimentos de cooperação, consolidar os dados e as boas práticas de cooperação.

O Núcleo no Tribunal de Justiça do Rio de Janeiro foi criado pela Resolução nº 08/2021 do Tribunal de Justiça Fluminense.

Desde fevereiro de 2023, o NUCOOP conta com espaço físico e sala passiva, além de duas servidoras, para atender às demandas que o TJRJ recebe. O TJRJ também inovou ao designar vários juízes de cooperação, dividindo o território do Estado em subnúcleos de cooperação.

Anexo 4

ATO NORMATIVO DO TRIBUNAL DE JUSTIÇA DO ESTADO DO RIO DE JANEIRO – 16/2024

Institui as regras de realização de depoimentos pessoais, oitivas de testemunhas e vítimas residentes fora da comarca, por sistema de videoconferência, através da utilização das salas passivas.

O PRESIDENTE DO TRIBUNAL DE JUSTIÇA DO ESTADO DO RIO DE JANEIRO, Desembargador Ricardo Rodrigues Cardozo, no uso de suas atribuições, na forma do art. 27, inciso XXIV do Regimento Interno do Tribunal de Justiça, aprovado pela Resolução do Tribunal Pleno nº 03, de 08 de dezembro de 2023.

CONSIDERANDO a Cooperação Judiciária Nacional, prevista nos arts. 67 a 69 do Código de Processo Civil, com o objetivo de simplificar a prática dos atos processuais fora da jurisdição de origem do processo, tornando a prestação jurisdicional mais eficiente;

CONSIDERANDO a Resolução nº 350, de 27 de outubro de 2020, que estabelece diretrizes e procedimentos sobre a cooperação judiciária nacional entre órgãos do Poder Judiciário e outras instituições e entidades, e a Resolução TJ/OE/RJ Nº 08/2021, com alterações promovidas pela Resolução TJ/OE/RJ nº 02/2024, que cria e regulamenta o Núcleo de Cooperação Judiciária do Tribunal de Justiça do Estado do Rio de Janeiro, atendendo ao disposto na Resolução nº 350 do Conselho Nacional de Justiça;

CONSIDERANDO o disposto no § 3º do art. 236, no § 3º do art. 385 e no § 1º do art. 453 do Código de Processo Civil, que admitem a prática de atos processuais fora da jurisdição de origem do processo, tornando a prestação jurisdicional mais eficiente;

CONSIDERANDO o disposto no art. 13, § 2º e art. 22, § 2º, ambos da Lei 9.099, de 26 de setembro de 1996;

CONSIDERANDO a Resolução nº 341 do Conselho Nacional de Justiça, de 7 de outubro de 2020, que "determina aos tribunais brasileiros a disponibilização de salas para depoimentos em audiências por sistema de videoconferência, a fim de evitar o contágio pela Covid-19";

CONSIDERANDO o Princípio da Vedação ao Retrocesso, por força do qual é vedado restringir ou abolir medidas que já tenham estabelecido um padrão de prestações já alcançado e que se destine à realização de direitos fundamentais, entre os quais está o direito de acesso à justiça;

CONSIDERANDO a Resolução do Conselho Nacional de Justiça nº 354, de 19 de novembro de 2020, que "dispõe sobre o cumprimento digital de ato processual e de ordem processual e dá outras providências";

CONSIDERANDO que algumas Comarcas do Estado do Rio de Janeiro possuem sala específica dotada de recursos e equipamentos para realização de videoconferência;

CONSIDERANDO que nas comarcas em que não há sala específica, a estrutura já existente das salas de audiências e plenários do Tribunal do Júri poderá ser utilizada para realização de videoconferência;

CONSIDERANDO a importância de aproveitamento, no Poder Judiciário, dos recursos tecnológicos que tiveram o uso ampliado por ocasião da pandemia causada pela Covid-19;

CONSIDERANDO que a tecnologia da videoconferência permite o contato audiovisual entre pessoas que estão em lugares diferentes, conectadas pela internet, possibilitando a realização da audiência de maneira remota, com interação entre os participantes;

ANEXO 4 – ATO NORMATIVO DO TRIBUNAL DE JUSTIÇA DO ESTADO DO RIO DE JANEIRO – 16/2024 | 139

CONSIDERANDO a oportunidade de realizar depoimentos pessoais, oitivas de testemunhas e vítimas residentes fora da comarca e interrogatórios de réus presos na forma do art. 185, § 2º do Código de Processo Penal por sistema de videoconferência, sem a necessidade de expedição de carta precatória para este fim;

CONSIDERANDO que a realização do ato diretamente pelo juízo solicitante garantirá maior celeridade na atuação jurisdicional, além da valorização do princípio do juiz natural e valoração da prova;

CONSIDERANDO a necessidade de regulamentar e padronizar o procedimento de realização de depoimentos, oitivas e interrogatórios por videoconferência em comarcas distintas daquelas da instrução processual, assim como a utilização dos ambientes dos fóruns para realização dos atos;

CONSIDERANDO que o procedimento de realização do ato processual por videoconferência será aplicável aos processos de quaisquer competências, que tramitam por meio físico ou eletrônico, nos juízos de primeira instância;

CONSIDERANDO o que ficou consignado no processo do Sistema Eletrônico de Informações – SEI nº 2023-06131576.

RESOLVE:

Art. 1º Em caso de cooperação, os depoimentos pessoais, as oitivas de testemunhas e vítimas residentes fora da comarca e, quando for o caso, os interrogatórios de réus presos na forma do art. 185, § 2º, do Código de Processo Penal, no âmbito do Estado do Rio de Janeiro, relativos a processos de quaisquer competências, que tramitam em meio físico ou em meio eletrônico, nos juízos de primeira instância, serão realizados por sistema de videoconferência, de acordo com o disposto neste ato normativo, ressalvado o disposto no § 2º deste artigo.

§ 1º Ficam vedadas a expedição e o recebimento de carta precatória, cujo objeto seja exclusivamente a colheita de depoimento pessoal e as oitivas de testemunhas e vítimas.

§ 2º A expedição de carta precatória para a oitiva da pessoa no juízo de sua residência será excepcional e deverá ser realizada mediante decisão devidamente fundamentada.

§ 3º Expedida a carta precatória nos termos do § 2º deste artigo, a devolução sem cumprimento se dará apenas, fundamentadamente, nas hipóteses previstas no artigo 267 do Código de Processo Civil, não cabendo ao juízo deprecado realizar juízo de valor sobre o fundamento da decisão que determinou a expedição.

Art. 2º Para a realização do ato processual a que se refere o art. 1º deste ato normativo, no âmbito deste Tribunal, será utilizada a plataforma Teams, ou outra plataforma que, eventualmente, venha a ser adotada pela Administração.

Parágrafo único. As audiências solicitadas por outros tribunais, que utilizem sistema diverso, deverão ser acessadas pelo link fornecido pelo juízo solicitante, via página web, sem necessidade de instalação de programa diversos.

Art. 3º. Para a realização das videoconferências será utilizada sala específica nos fóruns das comarcas do Estado do Rio de Janeiro, dotadas de recursos e equipamentos necessários à sua realização, a qual será chamada de "Sala Passiva".

Parágrafo único. Enquanto não instaladas as salas passivas a que se refere o *caput* deste artigo, deverão ser aproveitadas as salas de audiência e plenário do tribunal do júri, que estejam disponíveis no dia e horário solicitado.

Art. 4º O controle de uso da sala passiva, com a manutenção de uma agenda para marcação de data e horário para realização da videoconferência pelo juízo solicitante, caberá ao Núcleo de Cooperação Judiciária (Nucoop), que deverá receber todos os pedidos de agendamento através do e-mail nucoop.agendamento@tjrj.jus.br.

§ 1º As solicitações de videoconferências para oitiva de parte/testemunhas que residam nas áreas da Comarca da Capital, inclusive as regionais, serão realizadas na Sala Passiva localizada no Fórum Central;

§ 2º As solicitações de videoconferência nas demais Comarcas serão realizadas nas salas indicadas no artigo 3º e, na ausência das respectivas salas, nas salas de audiência ou plenário do júri, conforme disposto no parágrafo único do referido artigo.

§ 3º O Nucoop, ao receber o pedido de agendamento, fará contato com a Direção do Fórum onde o ato deverá acontecer, para que esta verifique qual sala está disponível para utilização no dia e horário solicitado e, com essa informação, o agendamento será confirmado junto ao juízo solicitante e ao responsável pela sala onde ocorrerá o ato.

ANEXO 4 – ATO NORMATIVO DO TRIBUNAL DE JUSTIÇA DO ESTADO DO RIO DE JANEIRO – 16/2024

§ 4º Na hipótese do dia e horário solicitados não estarem disponíveis, deverão ser disponibilizados ao juízo solicitante outras datas e horários próximos.

§ 5º No dia e horário agendados, deverá ser designado um servidor/estagiário para acompanhamento presencial de toda a videoconferência na sede do juízo solicitado, que será responsável por atender as determinações do juízo solicitante, pela operação do sistema, pela identificação da pessoa a ser ouvida, velando pela garantia da incomunicabilidade entre as testemunhas, quando for o caso, e pela regularidade do ato, podendo haver auxílio por outros colaboradores do juízo solicitado;

§ 6º A designação do servidor/estagiário a que se refere o *caput* deste artigo, será realizada pelo juiz diretor do foro, na hipótese de existência de sala passiva no fórum, e pelo juiz de direito de cada juízo, caso seja utilizada a sala de audiência ou o plenário do tribunal do júri.

Art. 5º O agendamento será realizado com tolerância de 30 (trinta) minutos para o início do ato e, após este prazo, o servidor/estagiário responsável pelo ato deverá consignar via chat Teams ou e-mail o fim do prazo de tolerância e encerrar o link.

Art. 6º Agendada a videoconferência, o juízo solicitante deverá:

I – intimar as partes, os advogados e os demais interessados da realização do ato processual por videoconferência;

II – providenciar, na forma da lei processual, a intimação da pessoa a ser ouvida, por meio idôneo de comunicação, para comparecimento no fórum da comarca de sua residência, podendo a intimação ser requerida por auxílio direto ou por carta precatória, na hipótese de a intimação necessitar ser realizada por oficial de justiça ou se existirem outras diligências que demandem a sua expedição;

IV – enviar aos participantes remotos e ao juízo solicitado o link/convite para acesso ao ambiente virtual;

V – no caso de frustração de intimação da pessoa a ser ouvida, de redesignação ou de cancelamento da audiência, desmarcar a reserva da sala passiva junto ao juízo solicitado, para evitar prejuízos com a não utilização do espaço;

Art. 7º Na data da realização do ato processual por videoconferência, o juiz solicitante irá presidi-lo, com a colheita dos depoimentos e oitivas, mediante gravação audiovisual.

§ 1º O servidor/estagiário designado pelo juízo solicitado para acompanhamento presencial da videoconferência na sala passiva, nos termos do art. 4º, § 3º, será responsável pelas seguintes providências, além de outras eventualmente determinadas pelo juízo solicitado:

I – ajustar os equipamentos e realizar os testes necessários no computador que será utilizado no juízo solicitado para a realização do ato;

II – acessar o link de acesso à audiência, encaminhado pelo juízo solicitante, para participação do ato processual;

III – identificar-se ao juízo solicitante, informando nome completo e matrícula, para registro;

IV – identificar e qualificar a pessoa que será ouvida, com a exibição do documento oficial de identificação original, com foto, para a câmera, a fim de ser registrado na gravação e, a critério do juiz solicitante, providenciar a digitalização do documento de identificação e envio do arquivo;

V – identificar toda pessoa que estiver ou adentrar no recinto durante o depoimento, como advogado eventualmente presente, com a exibição do documento oficial de identificação original, com foto, para a câmera, a fim de ser registrado na gravação, cabendo ao juiz solicitante deferir a permanência no ambiente;

VI – garantir que seja observado, nas oitivas de múltiplas testemunhas, o disposto no artigo 456 do Código de Processo Civil;

VII – providenciar, caso solicitada pela pessoa ouvida, a declaração de presença ao ato processual, conforme modelo disponibilizado no Anexo I.

§ 2º O juiz solicitante, após a providência determinada no inciso IV do parágrafo anterior, seguirá com a colheita do depoimento diretamente, fazendo-se as orientações de praxe, asseguradas a publicidade dos atos praticados, excetuadas as hipóteses de segredo de justiça, e as prerrogativas processuais dos advogados, membros do Ministério Público, da Defensoria Pública, partes e testemunhas;

§ 3º É vedado o registro de imagens do depoente quando for necessária a preservação da sua identidade, nos termos da Lei nº 9.807, de 13 de julho de 1999, cabendo ao juiz solicitante avaliar a conveniência de o registro do depoimento ser feito apenas por áudio.

Art. 8º No caso de falha ou interrupção de transmissão de dados durante a videoconferência serão preservados os atos já praticados e registrados em gravação, cabendo ao juiz solicitante decidir por aguardar o retorno da conexão ou redesignação do ato.

Art. 9º Os atos documentados por meio de gravação da videoconferência não serão degravados ou reduzidos a termo.

Parágrafo único. Não sendo possível a gravação do ato, a oitiva deverá ser totalmente reduzida a termo pelo juízo solicitante.

Art. 10 As disposições deste ato normativo, não se aplicam às cartas precatórias expedidas anteriormente à sua publicação.

Art. 11 A realização, em comarca diversa, da escuta especializada e de depoimento especial, na forma do art. 7º e seguintes da Lei 13.431, de 4 de abril de 2017, quando o juiz competente pretender presidir o ato deverá, necessariamente, ser objeto de carta precatória destinada a propiciar a atuação da equipe interdisciplinar do juízo solicitado/deprecado, mediante ajuste do dia e do horário.

Parágrafo único. Na hipótese do *caput*, o juiz competente poderá determinar a expedição da carta precatória para a realização do ato como um todo, dispensando a utilização da sala passiva.

Art. 12. No julgamento pelo plenário do Tribunal do Júri não se realizará a oitiva de testemunhas por sala passiva, sendo esta possível nas audiências de instrução e julgamento realizadas na primeira fase do procedimento.

Art. 13. A oitiva de réus presos por videoconferência, deverá seguir as orientações contidas no Ato Executivo Conjunto nº 17/2022, da 2ª Vice-presidência, de 4 de novembro de 2022.

§ 1º Nas hipóteses de oitiva de réu solto ou testemunha de ações penais, o agendamento deverá ser realizado junto às salas de audiências das varas criminais, dado o aparato de segurança que pode ser necessário à realização do ato.

§ 2º Nas hipóteses de oitiva de adolescente em ação de apuração de ato infracional, o agendamento será realizado, preferencialmente, nas salas de audiência dos juízos da infância e da juventude.

Art. 14. A utilização da sala passiva aplica-se ao procedimento do Juizado Especial Cível, visto que se coaduna com os princípios norteadores do referido procedimento, bem como com o previsto nos artigos 13, § 2º e 22, § 2º, da Lei 9.099, de 26 de setembro de 1996.

Art. 15. É admissível a prática de outros atos por sala passiva, não previstos neste ato normativo, a critério do juízo solicitante, desde que não contemplem a realização de outras diligências pelo juízo solicitado.

Parágrafo único. Serão atendidas pelos juízos do Estado do Rio de Janeiro, sempre que possível, as solicitações advindas de outros órgãos do Poder Judiciário Estadual e Federal para realização, por videoconferência, de depoimentos, oitivas e interrogatórios afetos a residentes em comarca do Estado, nos termos previstos neste ato normativo e, de acordo com eventual ato normativo do juízo solicitante ou do Tribunal a que estiver vinculado.

Art. 16. Este ato normativo entra em vigor na data de sua publicação.

Rio de Janeiro, 23 de maio de 2024.

Desembargador RICARDO RODRIGUES CARDOZO

Presidente do Tribunal de Justiça do Estado do Rio de Janeiro

REFERÊNCIAS

ANDRADE, Juliana Melazzi; MINAMI, Marcos Youji. Cooperação prognóstica: cooperação judiciária nacional como instrumento de inovação nos termos da Res. CNJ *395/2021*. *Revista de Processo*, v. 49, n. 347, p. 351-377, jan. 2024.

ARAGÃO, Alexandre Santos de. *Curso de direito administrativo*. 2. ed. Rio de Janeiro: Forense, 2013.

ARAGÃO, Nilsiton Rodrigues de Andrade. A atuação dos sujeitos processuais na cooperação judiciária nacional. *In*: DIDIER JR., Fredie; CABRAL, Antonio do Passo (coord.). *Cooperação judiciária nacional*. Salvador: JusPodivm, 2021.

ARAGÃO, Nilsiton Rodrigues de Andrade. Potencialidades e limites da cooperação judiciária nacional. *In*: DIDIER JR., Fredie; CABRAL, Antonio do Passo (coord.). *Cooperação judiciária nacional*. Salvador: JusPodivm, 2021.

BAPTISTA FILHO, Sílvio Neves. *Atos concertados e a centralização de processo repetitivos*. Londrina: Thoth, 2023.

BEZERRA, Fernanda Tereza Melo. A cooperação judiciária e sua aplicabilidade no Tribunal de Justiça do Estado do Rio de Janeiro. *Revista de Direito do Poder Judiciário do Estado do Rio de Janeiro*, v. 1, n. 1, jul./dez. 2023.

BEZERRA, Fernanda Tereza Melo. Cooperação judiciária nacional: auxílio direto e a subsidiariedade da carta precatória para os atos de citação e intimação. *Revista de Processo*, v. 49, n. 349, mar. 2024.

BURCH, Elizabeth Chamblee; WILLIAMS, Margaret S. Judicial adjuncts in multidistrict litigation. *Columbia Law Review*, v. 120, p. 2.129-2233, 2021.

CABRAL, Antonio do Passo. Fundamentos para uma teoria da cooperação judiciária. *In*: DIDIER JR., Fredie; CABRAL, Antonio do Passo (coord.). *Cooperação judiciária nacional*. Salvador: JusPodivm, 2021.

CÂMARA, Alexandre Freitas. Dimensão processual do devido processo constitucional. *Revista Iberoamericana de Derecho Procesal*, ano 1, v. 1, p. 17-33, 2015.

CÂMARA, Alexandre Freitas. *O novo processo civil brasileiro*. São Paulo: Atlas, 2015.

CÂMARA, Alexandre Freitas. *Levando os padrões decisórios a sério*. São Paulo: Atlas, 2018.

CÂMARA, Alexandre Freitas. O direito à duração razoável do processo entre eficiência e garantias. *Revista de Processo*, v. 38, n. 223, p. 39-53, set. 2013.

CÂMARA, Alexandre Freitas. *Manual de direito processual civil*. 3. ed. Barueri: Atlas, 2024.

CÂMARA, Alexandre Freitas. Atos de cooperação devem ser documentados (e o enunciado 687 do FPPC). *Conjur*, 10 abr. 2019. Disponível em: https://www.conjur.com.br/2019-abr-10/alexandre-camara-documentacao-atos-cooperacao-judiciaria/. Acesso em: 16 fev. 2024.

CÂMARA, Alexandre Freitas; SILVA, Ricardo Menezes da. Notas sobre a centralização de processos repetitivos no contexto da cooperação judiciária nacional. *In*: DIDIER JR., Fredie; CABRAL, Antonio do Passo (coord.). *Cooperação judiciária nacional*. Salvador: JusPodivm, 2021.

CÂMARA, Alexandre Freitas; RODRIGUES, Marco Antonio. A reunião de execuções fiscais e o NCPC: por uma filtragem à luz das normas fundamentais. *Revista de Processo*, v. 42, n. 263, p. 107-120, jan. 2017.

DAVID, Fernanda Rocha. *Coordenação de competências na recuperação judicial*. Salvador: JusPodivm, 2023.

DIDIER JÚNIOR, Fredie. *Cooperação judiciária nacional*. Salvador: JusPodivm, 2020.

DIDIER JR., Fredie. Ato concertado e centralização de processos repetitivos. *In*: DIDIER JR., Fredie; CABRAL, Antonio do Passo (coord.). *Cooperação judiciária nacional*. Salvador: JusPodivm, 2021.

DIDIER JR., Fredie; FERNANDEZ, Leandro. *Introdução à justiça multiportas*. Salvador: JusPodivm, 2024.

DONIZETTI, Elpídio. *Curso didático de direito processual civil*. 20. ed. São Paulo: Atlas, 2017.

DWORKIN, Ronald. *Uma questão de princípio*. 2. ed. Trad. bras. de Luís Carlos Borges. São Paulo: Martins Fontes, 2005.

FERNANDEZ, Leandro; DIDIER JR., Fredie. *Introdução à justiça multiportas*. Salvador: JusPodivm, 2024.

FERNANDEZ-VIAGAS BARTOLOMÉ, Placido. *El derecho a un proceso sin dilaciones indebidas*. Madri: Civitas, 1994.

FERREIRA, Gabriela Macedo. *Ato concertado entre juízes cooperantes*. Salvador: JusPodivm, 2023.

FERREIRA, Gabriela Macedo. O ato concertado entre juízes cooperantes. *In*: DIDIER JR., Fredie; CABRAL, Antonio do Passo (coord.). *Cooperação judiciária nacional*. Salvador: JusPodivm, 2021.

GUERREIRO, Mario Augusto Figueiredo de Lacerda; KIM, Richard Pae. O papel do Conselho Nacional de Justiça na implantação da cooperação judiciária nacional. *In*: DIDIER JR., Fredie; CABRAL, Antonio do Passo (coord.). *Cooperação judiciária nacional*. Salvador: JusPodivm, 2021.

HARTMANN, Guilherme Kronemberg. *Controle da competência adequada no processo civil*. 2018 Tese (Doutorado em Direito) – UERJ, Rio de Janeiro, 2018.

HARTMANN, Guilherme Kronemberg. Gestão cooperativa da competência adequada e a versatilidade no tratamento de demandas interligadas. *In*: DIDIER JR., Fredie; CABRAL, Antonio do Passo (coord.). *Cooperação judiciária nacional*. Salvador: JusPodivm, 2021.

HORBACH, Carlos Bastide. Contratos administrativos: conceito e critérios distintivos. *Revista Brasileira de Políticas Públicas*, v. 6, n, 1, p. 53-69, 2016.

KIM, Richard Pae; GUERREIRO, Mario Augusto Figueiredo de Lacerda. *O Papel do Conselho Nacional de Justiça na Implantação da Cooperação Judiciária Nacional In*: DIDIER JR., Fredie; CABRAL, Antonio do Passo (coord.). *Cooperação Judiciária Nacional*. Salvador: JusPodivm, 2021.

MEIRELES, Edilton. *Cooperação judiciária como instrumento de controle judicial da competência adequada*. Londrina: Thoth, 2024.

MEIRELES, Edilton. Cooperação judiciária nacional. *Revista de Processo*, v. 40, n. 249, p. 59-80, nov. 2015..

MIKELÉNAS, Valentinas. Efficiency of civil procedure: mission (im)possible? *In*: NEKROŠYUS, Vytautas (coord.). *Recent trends in economy and efficiency of civil procedure*. Vilnius: Vilnius University, 2013.

MINAMI, Marcos Youji; ANDRADE, Juliana Melazzi. Cooperação Prognóstica: cooperação judiciária nacional como instrumento de inovação nos termos da Res. CNJ 395/2021. *Revista de Processo*, v. 347, 2024.

OLIVA, Milena Donato. *Fundamentos do Direito Civil*. Rio de Janeiro: Forense, 2020. v. 1.

OLIVEIRA, Rafael Carvalho Rezende. *Curso de direito administrativo*. 12. ed. Rio de Janeiro: Método, 2024.

PASCHOAL, Thaís Amoroso. *Coletivização da prova*. São Paulo: RT, 2020.

PONDÉ, Lafayette. Controle dos atos da administração pública. *Revista de Informação Legislativa*, v. 35, n. 139, p. 131-136, jul./set. 1998.

ROJAS, Jorge A.; SOLER, Raúl Calvo; SALGADO, José María. *El proceso articulado*: hacia un proceso cooperativo, colaborativo y composicional. Santa Fe: Rubinzal-Culzoni, 2023.

SALGADO, José María; ROJAS, Jorge A.; SOLER, Raúl Calvo. *El proceso articulado:* hacia un proceso cooperativo, colaborativo y composicional. Santa Fe: Rubinzal-Culzoni, 2023.

SILVA, Ricardo Menezes; CÂMARA, Alexandre Freitas. Notas sobre a centralização de processos repetitivos no contexto da cooperação Judiciária Nacional. *In*: DIDIER JR., Fredie; CABRAL, Antonio do Passo (coord.). *Cooperação judiciária nacional*. Salvador: JusPodivm, 2021.

SOLER, Raúl Calvo; ROJAS, Jorge A.; SALGADO, José María. *El Proceso Articulado: hacia un proceso cooperativo, colaborativo y composicional*. Santa Fe: Rubinzal-Culzoni, 2023.

TARUFFO, Michele. *La motivazione della sentenza civile*. Pádua: Cedam, 1975.

TAVARES, André Ramos. *Reforma do Judiciário no Brasil pós-88*. São Paulo: Saraiva, 2005.

TEPEDINO, Gustavo; OLIVA, Milena Donato. *Fundamentos do direito civil*, Rio de Janeiro: Forense, 2020, v. 1.

VASCONCELOS, Antônio Gomes de. As múltiplas dimensões da cooperação judiciária na administração da justiça brasileira. *In*: DIDIER JR., Fredie; CABRAL, Antonio do Passo (coord.). *Cooperação judiciária nacional*. Salvador: JusPodivm, 2021.

WILLIAMS, Margaret S.; BURCH, Elizabeth Chamblee Judicial adjuncts in multidistrict litigation. *Columbia Law Review*, v. 120, p. 2.129-2233, 2021.